本书获安徽省哲学社会科学规划重点项目

"习近平新时代中国特色社会主义城乡融合发展思想研究"

（AHSKZ2019D028）资助

Reshaping Urban-rural Relations:

Research on the Development of Urban-rural Integration in the New Era

城乡关系重塑

新时代城乡融合发展研究

蔡书凯 / 著

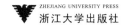

ZHEJIANG UNIVERSITY PRESS
浙江大学出版社

图书在版编目（CIP）数据

城乡关系重塑:新时代城乡融合发展研究 / 蔡书凯
著. —杭州：浙江大学出版社，2021.12
ISBN 978-7-308-22178-8

Ⅰ.①城… Ⅱ.①蔡… Ⅲ.①城乡建设—经济发展—
研究—中国 Ⅳ.①F299.21

中国版本图书馆 CIP 数据核字(2021)第 273872 号

城乡关系重塑:新时代城乡融合发展研究

蔡书凯　著

策划编辑	吴伟伟	
责任编辑	陈思佳(chensijia_ruc@163.com)	
责任校对	宁　檬	
封面设计	雷建军	
出版发行	浙江大学出版社	
	（杭州市天目山路 148 号　邮政编码 310007）	
	（网址:http://www.zjupress.com）	
排　　版	杭州青翊图文设计有限公司	
印　　刷	杭州宏雅印刷有限公司	
开　　本	710mm×1000mm　1/16	
印　　张	12	
字　　数	180 千	
版 印 次	2021 年 12 月第 1 版　2021 年 12 月第 1 次印刷	
书　　号	ISBN 978-7-308-22178-8	
定　　价	58.00 元	

前　言

　　城乡二元结构是发展中国家的基本特征,促进城乡融合发展是国家现代化进程中的重要使命。现代化进程中的中国,具有地域空间辽阔、自然环境复杂、农业历史悠久、区域经济有差异的原始底色,中国的城乡二元结构并没有随着城镇化的快速推进而逐渐消融,反而在这个过程中呈现整体改善、局部恶化的状态,一些现实可感知的改善无法撼动城乡融合发展整体滞后的困局,局部性的政策性调整无法带来系统性的改善。中国的城乡联系发展仍然存在取向的非均衡性、调节的非市场性、状态的非开放性、后果的非公平性。[①] 中国的城乡二元结构问题很大程度上在于农业、农村、农民的结构性边缘化:农业无法真正走向市场,农村无法真正融入现代社会,农民身份自由受到限制,以及进而带来的城乡发展弱均衡化、城乡关系低关联化、要素配置非理性化。本书探讨新时代背景下的城乡融合发展问题,是对这一重大历史问题的积极回应。

---

　　① 胡必亮,马昂主.城乡联系理论与中国的城乡联系[J].经济学家,1993(4):98-109,128.

　　基于中国超大规模经济体的韧性和独特的经济体制优势，党和政府一直在进行城乡融合发展的积极探索。2003 年，开始实施新型农村合作医疗试点工作；2004 年，出台《国务院关于进一步深化粮食流通体制改革的意见》，实现粮食购销市场化和市场主体多元化，建立对种粮农民直接补贴的机制，保护粮食主产区和种粮农民的利益，有效增加了农民收入；2004—2006 年，逐步减免直至全面取消农业税，并同步取消"三提五统"及其他各项规费、杂费，到 2005 年底，全国已有 28 个省份免征农业税，自 2006 年 1 月 1 日起废止《农业税条例》。原本计划 5 年完全取消农业税费的目标，在短短 3 年内就得以实现。2005 年 10 月 11 日，党的十六届五中全会通过《中共中央关于制定国民经济和社会发展第十一个五年规划的建议》，提出"要按照生产发展、生活宽裕、乡风文明、村容整洁、管理民主的要求"，扎实推进社会主义新农村建设。自此，我国开始进入"以工促农、以城带乡"和"工业反哺农业、城市支持农村"的发展新阶段。2007 年，农村低保体系覆盖全国，全国农村全部免除义务教育阶段的学杂费，普遍减轻农村 1.5 亿中小学生家庭经济负担。2009 年，新型农村社会养老保险推行，我国农民第一次有了自己的养老金。2012 以来，党中央把扶贫脱贫工作纳入"五位一体"总体布局和"四个全面"战略布局，创新扶贫脱贫工作的基本思路和工作方式，以精准扶贫、精准脱贫为抓手，采取非常之策，动用非常之力，全面打响脱贫攻坚战，并于 2020 年历史性地消除了绝对贫困。

　　2016 年，中共中央、国务院印发《关于稳步推进农村集体产权制度改革的意见》，提出发展新型集体经济。2017 年，习近平总书记在党的十九大报告中提出坚持农业农村优先发展，历史性地把农业农村工作摆在党和国家工作全局的优先位置。在 2017 年底的中央农村工作会议上，习近平总书记深刻阐述了坚持农业农村优先发展的重大意义和科学内涵，提出了"四个优先"的明确要求，要求"按照产业兴旺、生态宜居、乡风文明、治理有效、生活富裕的总要求"，"加快推进农业农村现代化"。① 2020 年，以习近平同志为核心的党中央在谋划"十四五"经济社会发展和 2035 年发展蓝图时，提出"实施乡村建设行动"，明确要求"把乡村建设摆在社会主义现代化建设的重要位置"。② 2021 年的中央一号文件提出，要实现巩固拓展脱贫攻坚成果同乡村振兴有效衔接，加快推进农业现代化，大力实施乡村建设行动，加强党对"三农"工作的全面领导。这些探索既带来了城乡关系的积极改善，也是未来城乡进一步融合发展的基础。同时，"双循环"战略格局下国家发展重心下移，城乡资源在新时代面临价值发现和重新组合，为城乡融合发展提供新机遇。

城乡二元结构依然在各个维度普遍存在。中国正在从"乡土中国"走向"城乡中国"，但并未完成向"城市中国"的转型。③ 城乡二元结构的具体表现包括但不限于以下几个方面。

第一，生产要素的隔离和不平等交换。城乡生产要素的合理流动和平等交换是城乡经济、社会协调发展的前提。受中国经济发展传统制度安排的影响，城乡生产要素市场存在人为分割，城乡之间存在着经济发展融合度不高、功能双向辐射力度不足、要素资源在城乡间配置不合理、要素流动受到行政力量的阻隔而难以平等交换等问题。城市和农村形成了彼此孤立的经济体系，已成为我国城乡融合发展进程中的既定事实。具体表现在：城乡户籍制度不统一；土地制度不健全，农村宅基地还在增加，没有实现居住性转移；社会保障制度有待完善，城乡社会保障制度隔离；公共财政体制不完善，基层财

---

① 参见新华网：http://www. xinhuanet. com/politics/2017 - 12/29/c_1122 187923. htm。

② 参见新华网：http://m. xinhuanet. com/2021 - 03/13/c_1127205564_14. htm。

③ 刘守英，王一鸽. 从乡土中国到城乡中国——中国转型的乡村变迁视角[J]. 管理世界，2018(10):128 - 146,232.

政转移支付面临诸多问题；农村金融制度发展滞后，农村金融组织体系不完善，金融产品单一，服务水平较低，农业保险发展迟缓。

第二，城乡公共资源非均衡配置。由于存在城乡二元的社会管理制度、城乡不公的财税制度和城市偏向的公共资源配置制度等，我国城乡在公共资源的配置上出现严重的失衡，农村公共资源供给严重不足，农村基础设施建设严重滞后于城市，导致城市和农村居民享受到的公共服务数量、质量均呈现出"剪刀差"状态，其差距甚至超过纯收入的差距。

第三，城乡融合发展缺乏产业支撑。农村非农产业发展相对滞后，农村工业企业规模小、实力弱、技术含量低的状况没有明显改善，缺乏规模效应和积聚效应，难以带动农村劳动力就地转移。同时，从产业结构来看，虽然我国三次产业结构不断优化，但目前我国农业生产规模小、效率低、效益差等弱质特征较为明显，农业产业化发展严重滞后于城市化和工业化进程。

第四，城乡行政管理体制隔离。长期以来，我国政府的行政管理体制以城市工作为中心，以城市建设与市政管理为重心。城乡基本实行分开管理，政府除农口部门外，其他部门对农业农村工作的职责不明确、支持不到位，农村公共品供给主体不明确，农业农村工作在政绩评价体系中不受重视，乡镇政府实际上处于一种责任大、权力小、效率低的被动施政状态，这些进一步强化了我国的城乡分割。

第五，城市群建设协调性不足。产业一体化、基础设施一体化、基本公共服务均等化尚未实现，特别是大城市资源过于集中，不仅未起到较好的对周边区域的辐射带动作用，反而产生了严重的城市病。

城乡融合发展是一个复杂、长期的过程，很难一蹴而就。针对城乡融合发展过程中的各种困境，我们既要遵循经济社会发展规律，又要针对各地的具体情境积极有为，加强顶层设计，突出重点，顺势而为，综合考虑新型城镇化、农业现代化、农业产业升级、农民工市民化、农村社会发展等诸多因素,通过土地流转、经营方式创新和产业功能拓展提高农村经济要素的要素回报率,推动资源要素的自由流动和城乡公共资源的均衡分布,塑造农业新文明和乡村新文明,从而建立一个适应时代要求、内生创新的城乡融合发展路径。

　　城乡融合发展的实现仅靠乡村自身的努力是不现实的,由于我国的乡村长期受到城市发展的挤压,农业自身生产率水平低下,必须依靠外部力量的介入,借助外部资源,才能逆转衰落的命运,实现乡村的新生。① 在追求集体目标上,政府在对变革的影响、推动和调节方面的潜力是无可比拟的,尤其是我国转型国家的特殊社会历史背景决定了政府必须在城乡融合发展过程中发挥重要的积极作用。与资本主义国家不同,我国实行的是社会主义市场经济体制,而社会主义是建立在生产资料公有制基础上的,政府必然具有领导和组织经济发展的职能。② 同时,作为一个转型国家,我国市场体系的发育不可能是一个纯粹的"自生自发"过程。我国城乡融合发展的进程具有相当浓厚的政府主导色彩,从某种意义上说,我国市场体系的发育在很大程度上是政府推动、培育的结果,政府必须也必然会在市场体系发育过程中发挥一系列重要的作用。③

　　我国"三农"问题的复杂性决定了必须充分发挥政府的主导作用,对城乡融合发展问题的认识和解决之道必须根植于我国特殊的国情。长期以来,我们走的是一条工业化与城市化脱节、城市发展与农村发展脱节的现代化道路,城市现代化是通过汲取农村资源和剥夺农民利益来实现的。城乡融合发展面对的现实是:工业强势、城市

---

　　① 王文龙,万颖.乡村的终结与新生:政府作用探讨[J].经济体制改革,2013(1):65-69.

　　② 胡钧.科学定位:处理好政府与市场的关系[J].经济纵横,2014(7):9-12.

　　③ 何显明.市场体系发育过程中有效政府的行为模式——基于浙江义乌的个案研究[J].中共浙江省委党校学报,2007(6):46-54.

强势而农业弱势、农村弱势，以及政府强势、市场强势而社会弱势。由于纯粹的市场机制具有内在的差异化与非均衡发展的动力，同时由于城乡生产要素劳动生产率的差异，单纯依靠市场的自发力量，将进一步导致农村要素资源净流向劳动生产率更高的城市，造成城市的资金、人才和技术越来越多，而农村的资金、人才和技术越来越匮乏，城乡差距扩大。根据新经济地理学理论，这个过程具有循环累积、自我增强的特征，导致城市对乡村具有主导和支配作用。也就是说单靠市场机制无法实现城乡融合发展，反而在马太效应作用下，城乡差距会进一步拉大。因此，城乡隔离问题不能单纯依靠市场机制解决，必须依赖政府采取特定的制度安排，才能促进城市带动农村、工业带动农业。我国城乡融合发展的特殊社会历史背景决定了政府必须发挥重要的积极作用，通过国家发展战略和规划对城乡发展进行引导与调控，而不可能完全充当"守夜人"角色。我国城乡融合发展推进的突出特征是政府主导，政府必须更加尊重客观经济规律，调适我国城乡融合发展的制度安排，依靠政府统筹推进一些重要领域和关键环节的体制机制改革，以更好发挥市场的自发调节机制，拓展市场经济内在运行机制发挥作用的空间。同时，采取不平衡发展战略，通过政策调整加快农村地区的发展，发挥城市的扩散效应，为农村提供经济发展和自我良性循环的基本条件，促进城乡融合发展。

政府在运用公共政策引导市场发挥作用的过程中，必须恪守必要的行为边界。政府主导的城乡融合发展推进模式充分体现了我国制度的创新性及灵活性，也是我国二元经济结构产生的重要根源。政府主导既可以体现为政府直接支配整个市场体系的发育，强制性地干预微观经济过程，也可以体现为政府通过政策引导和扶持市场发育，以及在中观层面对经济发展进行适度调控。在强调政府主导的时候，必须要避免落入政府"全面主导"的陷阱，避免政府的"扶持之手"蜕变为"掠夺之手"。

　　置身于我国城镇化浪潮中,农业也需要通过自身的系统性改革来增强对城镇化变革的适应性。我国城镇化进程中的进度不一、程度不一、路径不一的形态,要求我们必须因地制宜,探索各具特色的城乡融合协同发展模式以实现城乡融合发展。新时代背景下推动城乡融合发展,需要抓住五个难点问题:一是"三个一亿人"的城镇化;二是城乡生产要素的自由流动尤其是农村土地问题;三是城乡公共资源的均衡配置问题和使用效率问题;四是农村社会的治理问题;五是如何更好地利用新技术来推动城乡融合发展的问题。农业、农村自身的系统性改革需要抓住五个战略重点:一是新型城镇化与乡村振兴战略的协同推进;二是农业供给侧改革;三是现代城镇体系建设;四是"后扶贫时代"和"后疫情时期"的反贫困任务;五是农村治理体系和机制的现代化。对以上战略重点的系统性整合,有利于推动城乡融合的自然演进与理性建构,以实现城乡两个异质性空间的系统深度耦合、要素有序对流、产业高度融合和权益逐渐平等,实现城乡在功能分工、要素分布、权益分配等维度的适配和适应,进而推动城乡的物理融合、制度融合、经济融合、管理融合、社会融合,使城乡融合发展成为"双循环"战略格局落地的重要抓手,成为以人民为中心、共同富裕的重要体现。

目　录

第一章

导　论

第一节　研究背景

党的十九大报告明确指出中国特色社会主义进入新时代,我国社会主要矛盾已经转化为人民日益增长的美好生活需要和不平衡不充分的发展之间的矛盾。2018 年 9 月,习近平总书记主持十九届中共中央政治局第八次集体学习时指出,"我国发展最大的不平衡是城乡发展不平衡,最大的不充分是农村发展不充分"①。解决城乡发展的不平衡不充分问题成为我国现代化建设的时代课题。实现由城乡二元向城乡融合发展的转变,破解城乡发展不平衡、农业农村发展不充分的突出矛盾已成为推动我国经济社会高质量发展的重要动力和城乡居民的内在诉求。

长期以来,我们走的是一条工业化与城市化脱节、城市发展与农村发展脱节的现代化道路,城市现代化是通过汲取农村资源、剥夺农民利益来实现的。城乡融合发展面对的现实是:工业强势、城市强势而农业弱势、农村弱势,以及政府强势、市场强势而社会弱势。城乡生产要素劳动生产率的差异进一步导致农村要素资源净流向劳动生产率更高的城市,造成城市的资金、人才和技术越来越多,而农村的资金、人才和技术越来越匮乏,城乡差距扩大。根据新经济地理学理论,这个过程具有循环累积、自我增强的特征,导致城

---

① 参见人民网:http://cpc.people.com.cn/shipin/n1/2018/0925/c243247-30312782.html.

市对乡村具有主导和支配作用。就目前我国整体而言,城乡基础设施与环境建设落差巨大,城乡基本公共服务差距较大,城乡居民的收入差距过大,法律规定和赋予的公民基本权利在城乡之间还存在差别,城乡产业发展相互绝缘,城乡生产要素还远不能自由流动和等价交换,半城镇化的进城农民工无法享有与城镇居民同等的权利和待遇。"城乡二元结构没有根本改变,城乡发展差距不断拉大趋势没有根本扭转。根本解决这些问题,必须推进城乡发展一体化。"①

基于早期城乡二元结构形成的长期顽疾、工农生产率天然存在的内在差异以及工农业"剪刀差"带来的长期影响,生产要素、基础设施、公共服务供给的城市偏向发展导向依然根深蒂固,城乡二元结构可能是长期存在的既定事实。由于短期内城乡差距难以根本性消除,以及要素高速非农化、"三农"主体过早老弱化、水土环境污损化、工农生产率差异化和村庄严重空废化,城乡发展不平衡、乡村发展不充分依然是新时代下的显著矛盾。城乡生产要素流动与城乡统筹的复杂性与障碍性有进一步加大的趋势和动力,城乡融合发展有陷入路径依赖与多重锁定困境的态势。2004—2021 年,连续 18 年的中央一号文件都聚焦"三农",这既说明"三农"问题的重要性,以及党和国家对"三农"问题的重视程度,也从侧面说明了解决"三农"问题的艰巨性、复杂性和长期性。

我国的城乡关系问题是一个结构性问题。乡村和城市是人类聚落的两种主要形式。自城市产生之日起,就产生了城乡关系,这一关系伴随着城乡发展的全过程。推动城乡融合的过程涉及复杂的利益改革和调整,城乡隔离和城乡差距之间的关系错综复杂,城乡融合发展的进展整体上与政策意愿和人民期盼存在较大差距。在我国城乡

---

① 习近平.论坚持全面深化改革[M].北京:中央文献出版社,2018:35.

关系发展的过程中,农业与农村问题一直存在,要想实现城乡融合,就必须注重农业与农村的长远发展问题,加快农村实现农业的现代化发展。要加快完善城乡之间的公共服务、基础设施等各个方面公共资源的均衡配置,同时以发展工业的思维来推动农业的现代化,推动现代科学技术、农业组织变革以完成农业农村的现代化,并加强农村基层组织建设,构建具有中国特色的社会主义城乡融合发展道路,最终实现城乡之间的协调发展。

我国的城乡融合涉及多个层面的融合发展。作为世界上人口和地理规模巨大的发展中国家,我国的城乡二元结构体现在政治、经济、文化、社会和生态环境等多个方面,包括但不限于以下几个方面:一是城乡生产要素的融合,既包括劳动力与土地的融合,也包括资源与公共服务的融合,在利益趋同的条件下,城乡生产要素自由流动、合理配置,农村生产要素向城市流动,城市生产要素向农村辐射,城乡生产要素之间的利益互惠性不断提升。二是城乡区域的融合,城市与乡村之间不存在明显的划分,城乡功能互促互补,协同发展,各自实现其特有的功能。三是城乡生活方式的融合,在基础设施和公共服务,以及医疗保障等各个方面实现城市与乡村的平等。城乡居民在获取基本公共服务时真实拥有的权利义务的差距不断缩小,城乡居民的生活质量等值提升。四是城乡生态环境的融合,即城乡之间在"生态安全-环境宜居性"方面的差异不断缩小。在城市的自然形态层面,城区更具城市温度,农村更具乡土气息,在"看得见山、望得见水、记得住乡愁"中,保持城乡多彩形态的和谐共存和完美对接。五是城乡治理的融合,即城乡社会治理趋同,市民和村民能够共享改革发展成果,分享社会发展权益,形成城乡共建共治共享的社会治理格局,各主体平等参与社会治理,彰显社会公平与权益平等。

以习近平同志为核心的党中央高度重视城乡融合发展问题,科学研判我国城市与乡村融合发展的新逻辑、新任务，结合城乡建设历史经验和时代要求，提出许多具有原创性、时代性、指导性的重大思想观点。习近平同志指出："近年来，党中央坚持把解决好'三农'问题作为全党工作重中之重，不断加大强农惠农富农政策力度，农业基础地位得到显著加强，农村社会事业得到明显改善，统筹城乡发展、城乡关系调整取得重大进展。同时，由于欠账过多、基础薄弱，我国城乡发展不平衡不协调的矛盾依然比较突出，加快推进城乡发展一体化意义更加凸显、要求更加紧迫。"①"城乡发展不平衡不协调，是我国经济社会发展存在的突出矛盾，是全面建成小康社会、加快推进社会主义现代化必须解决的重大问题。改革开放以来，我国农村面貌发生了翻天覆地的变化。但是，城乡二元结构没有根本改变，城乡发展差距不断拉大趋势没有根本扭转。根本解决这些问题，必须推进城乡发展一体化。"②

改革开放以来，特别是党的十八大以后，我国城乡融合发展步入快车道，新型城镇化建设稳步推进，扶贫攻坚取得历史性成就，农业转移人口加快融入城市。党的十九大提出乡村振兴战略，并将"城乡融合发展"写入党的文献，标志着中国特色社会主义城乡关系发展进入新的历史时期。城乡融合发展关键要处理好"融"字。我国城乡融合发展具有鲜明的中国特色和时代背景，我们要避免走向"城市兴、乡村衰"的道路，走出一条城市和农村携手发展、互利共生的道路。

---

① 习近平.健全城乡发展一体化体制机制 让广大农民共享改革发展成果[N].人民日报,2015－05－02(01).

② 习近平.论坚持全面深化改革[M].北京:中央文献出版社,2018:35.

第二节　研究内容

本书的主要内容包括五个部分。

第一章阐述了研究背景、研究内容和研究意义,同时系统回顾了城乡融合发展相关理论和文献。本章总结分析了城乡融合发展的主要理论流派:一是强调"城市偏向"或"农村偏向"的"非均衡"发展观,二是强调"城市与农村全面发展"的均衡发展观,三是强调"城乡融合"的一体化网络化发展观。与此同时,本章还回顾了关于城乡融合发展"流"的分析、城乡融合发展的动力机制等方面的相关研究。

第二章全面分析了新时代城乡融合发展的现实基础。自改革开放以来,我国城乡经济社会不断发展,城乡交换关系逐步改善,城乡分割开始松动。具体表现在:城乡居民收入差距不断缩小,扶贫攻坚取得伟大成就,非农就业收入增加,城市工商资本下乡与返乡创业为农业现代化提供了要素和组织支撑力;农业生产不断迈上新台阶,乡村公共服务水平全面提升,农村土地改革取得重要进展,城乡二元制度开始松动。

第三章基于城市层面数据全面分析了我国城乡融合发展的现实格局。从城市视角来看,我国城乡融合发展呈现金字塔形分布;从区域来看,城乡融合发展指数呈东、中、西和南北梯度分布呈现,区域间分化严重。进一步,基于城乡人均支出比这一表征城乡融合发展的关键指标分析发现:整体上,不仅城乡存在消费支出差距,而且城市之间存在显著的消费支出差距,三、四线城市的消费支出落后于一、二线城市；我国的城乡收入差距更多的是一系列城乡分割政策倾斜的结果，是城乡二元经济结构的产物和最集中表征。提高农民消费水平、增加农民收入是未来城乡融合发展的重点和难点。

第四章深入分析了新时期我国城乡发展面临的主要问题。自改革开放以来，我国城乡经济社会不断发展，城乡交换关系逐步改善，城乡分割开始松动。但由于历史问题，制约城乡融合发展的传统因素仍然没有得到根本改变。外部制度障碍导致了封闭的城乡关系，造成了城市带动农村经济发展机制的缺失。新时期我国城乡发展面临的主要问题包括城乡收入差距、城乡社会保障方面的差距、城乡教育方面的差距、城乡生态环境方面的差距、城乡生产要素自由流动的多重制约、城乡劳动生产率的差异等，本章简要剖析了引发和加剧这些问题的主要因素。

第五章系统总结了新时代背景下城乡融合发展的总体战略和主要路径。新时代背景下我国城乡融合发展站在新的历史起点和方位，进入深水区和攻坚期，面临一系列新难题、新变化、新挑战。我们要正视农业、农村、农民发展滞后的现实，立足于新的历史起点和物质基础，立足于不同体制机制相互作用的内在机理，立足于我国经济发展阶段与区域发展差异，重点攻克五个难点问题：一是"三个一亿人"的城镇化；二是城乡生产要素的自由流动尤其是农村土地问题；三是城乡公共资源的均衡配置问题和使用效率问题；四是农村社会的治理问题；五是如何更好地利用新技术来推动城乡融合发展的问题。

第三节　文献综述

城乡融合是城乡一体化高质量发展的新阶段,它不是城市和乡村两者简单的此消彼长,也不是城市和乡村趋向一样化。城乡融合是在城市与乡村相互作用的过程中,双方不断调整自身行为方式以适应对方,推动城市与乡村互动过程的深化,促进城市与乡村互动双方价值的提升。随着我国经济进入高质量发展阶段,新时代背景下的城乡关系失衡问题成为近年来的热点问题。"城乡中国"有必要成为理解转型中国结构形态的一个重要范式。[①]不仅要从解决好"三农"问题的视角强调城乡发展一体化,还要从释放国民经济增长潜力的视角推动城乡发展一体化。[②] 统一二元结构转变与集聚效应的城市化将是我国经济进一步增长与发展的核心动力和有效路径。[③] 实现城乡融合高质量发展应是我国经济高质量发展的子集,其内在发展理念、客观要求、根本动力及实现目标具有一致性。[④]

---

① 刘守英,王一鸽.从乡土中国到城乡中国——中国转型的乡村变迁视角[J].管理世界,2018 (10):128-146,232.

② 国务院发展研究中心农村部课题组,叶兴庆,徐小青.从城乡二元到城乡一体——我国城乡二元体制的突出矛盾与未来走向[J].管理世界,2014(9):1-12.

③ 刘雅南,邵宜航.增长与发展视角下的中国深度城市化——基于文献的研究[J].厦门大学学报(哲学社会科学版),2013(4):33-41.

④ 卓玛草.新时代乡村振兴与新型城镇化融合发展的理论依据与实现路径[J].经济学家,2019(1):104-112.

一、城乡融合发展的理论流派

国外学者对城乡融合发展的理论观点主要分为三大流派:一是强调"城市偏向"或"农村偏向"的"非均衡"发展观;二是强调"城市与农村全面发展"的均衡发展观;三是强调"城乡融合"的一体化网络化发展观。各流派的代表人物或理论见表1-1。

表1-1　城乡融合发展理论流派

流派	代表人物或理论
"城市偏向"发展观	"城乡二元经济结构"理论;"增长极"理论;"极化-涓滴效应"学说;"循环累积因果"理论;"中心-外围"理论;"城乡偏向"理论;"激活核心区域"区域发展战略
"农村偏向"发展观	"传统农业改造"理论;"乔根森"模型;"农村人口城乡迁移"模型;"选择性空间封闭"发展理论
"城乡均衡"发展观	"大推动"理论;"拉尼斯-费景汉二元经济论";不发达国家的资本形成问题
"城乡融合"发展观	"田园城市"理论;"有机疏散"理论;芒福德的城乡发展观;Desakota 模式;"城乡融合设计"理论

一、城乡融合发展的理论流派

1."城市偏向"发展观

这一流派主要包括刘易斯(Lewis)的"城乡二元经济结构"理论、

佩鲁(Francois Perroux)的"增长极"理论、缪尔达尔(Gunnar Myrdal)的"循环累积因果"理论、利普顿(Mihel Lipton)的"城乡偏向"理论和弗里德曼(Milton Friedmann)的"激活核心区域"区域发展战略。

二元经济结构这一概念最早是荷兰经济学家伯克(J. H. Boeke)在1953年提出来的。他在《二元社会的经济学和经济政策》一书对印度尼西亚社会经济的研究中,把该国经济和社会划分为传统部门与现代化的荷兰殖民主义者所经营的资本主义部门,两者之间在社会文化和经济制度方面有着巨大差别。这两种制度并存以及由此引起的经济、技术、思想意识等方面的鲜明对照,造成生产力结构的不平衡,就是社会经济结构的二元性。伯克认为要实现二元经济结构向一元结构的转换需要两个条件:一是现代工商业部门的扩大(高水平的城市化);二是对传统农业的改造。

系统的二元经济结构理论是美国著名的经济学家刘易斯在其1954年的经典作品《劳动无限供给下的经济发展》中首次提出的。刘易斯阐述了"两个部门结构发展模型"的概念,认为发展中国家存在两种不同的生产部门:以传统生产方法生产、劳动生产率极低的自给自足的农业经济部门;以现代生产方法生产、劳动生产率极高的城市现代工业部门。

佩鲁在1950年尝试从地理空间视角来研究城乡关系,并提出了"增长极"理论,认为平衡发展只是一种理想状态,现实中增长并非同时出现在所有地区,经济增长通常是从一个或数个"增长中心"开始,通过不同的渠道向外扩散,逐渐向其他部门或地区传导,进而对整个经济产生影响。之后,赫希曼(A. O. Hirshman)的"极化-涓滴效应"学说和弗里德曼的"中心-外围"理论对该理论做了进一步完善。工业化和城乡经济发展在空间上并非均衡分布,而是非均衡地分布在一个或少数几个地区,从空间组织上看,表现为二元结构。城市特别是中心城区与周边农村表现为"中心-外围"的空间形态,聚集与扩散是城市空间演化的基本表现，贯穿于城市发展的全过程。中心城区与周边农村通过货物流、人口流、技术流、信息流、资金流等产生各种各样的经济联系，相互作用和相互影响。这种联系既包含着极化效应，又体现出涓滴效应。城市发展一方面带来极化效应。随着城市规模的扩大，中心城区借助规模收益递增、区域核心地位和路径依赖不断吸纳区域生产要素，产生城市规模扩大的极化效应。极化效应引致大量生产活动集中，规模效益使中心城区生产效率更高。同时，第二产业和第三产业在空间上向中心城区聚集，农村成为第一产业的集中地。城市相对于周边农村更高的规模报酬和产业优势，使得农业生产要素不断向中心城区流动与迁移。城市发展另一方面带来涓滴效应。伴随着城市规模的扩大，边际收益递减、外部不经济等造成的扩散，导致中心城区本身的生产效率下降，机会减少，城市规模扩张的涓滴效应开始显现。涓滴效应引发的要素城乡转移有利于农业生产率水平的提升。

缪尔达尔在1957年提出了著名的"循环累积因果"的地理二元结构理论。他认为在一个动态的社会过程中，社会经济各因素之间存在着循环累积的因果关系。经济发展从一个条件好的地区开始，其通过累积因果过程不断获得超前发展。由于扩散效应和回流效应的存在，先进区域和落后区域的空间相互作用会导致先进地区更加先进，落后地区更加落后。他认为要化解城乡差距增大过程中出现的马太效应，发展中国家必须进行制度创新，消除腐败，注重城乡收入的均等化，从而缩小收入差距。他指出政府应该采取不平衡发展战略，通过刺激和帮扶加快落后地区的发展，同时发挥城市的扩散效应，缩小城乡收入差距，促进城乡公平。利普顿的"城市偏向"理论认为：发展中国家产生城市偏向的主要原因在于其政治结构，即发展中国家的城乡居民在谈判地位和政治影响力上严重不对等；城乡二元结构产生的原因在于政府实施了有利于城市的政策，这种偏袒城市的政策,导致更多的社会资源流向城市区域,造成对乡村的不利影响,并进一步扩大城乡差距。他认为发展中国家应该削弱甚至摒弃城市偏向战略,坚持城乡均衡化的发展战略以实现城乡间的均衡发展。[①] 利普顿把这种政府基于自身利益的过分介入而引起的不公平的城乡关系称为"城市偏向"的城乡关系。"城市偏向"理论的提出,引起了诸多学者的评论和广泛关注。

弗里德曼提出"激活核心区域"区域发展战略,即集中投资城市区域(作为区域发展的生长点)的战术思路。区域政策重点变化的基本轨迹是同国民经济发展的阶段性特征紧密联系的,区域问题是社会经济发展到特定阶段的产物,因而在确定区域政策重点时,必须准确把握特定区域问题产生时期的宏观经济环境和经济发展的阶段性特征,从而使一个区域由互不关联、孤立发展,变成发展不平衡,进而变为相互关联的平衡发展的区域系统。

2."农村偏向"发展观

该流派主要包括舒尔茨(Theodore W. Schultz)的"传统农业改造"理论、"乔根森"(D. W. Jorgenson)模型、"农村人口城乡迁移"模型、"选择性空间封闭"发展理论等。

舒尔茨认为,传统农业是贫穷但有效率的。舒尔茨重点研究了如何把弱小的传统农业改造成为一个高生产率的经济部门,他认为必须明确三个问题:发展中国家不可能通过有效配置现有的农业生产要素来大幅度增加农业生产;各国农业对经济增长的作用的巨大差别主要源于农民能力的差别,其次才是物质资本的差别,而土地的差别实际是最不重要的;只有农民改造其先辈遗留下来的传统农业,

---

① Lipton M. Why Poor People Stay Poor:A Study of Urban Bias in World Development [M]. London:Temple Smith,1977.

在有投资刺激条件下的农业投资才是有利的。①

1961年,美国经济学家乔根森提出了与"刘易斯-费景汉-拉尼斯模型"不同的二元经济模型,这个模型具有新古典经济色彩。由于深受新古典主义发展理论的影响,乔根森试图构建一个纯粹新古典主义的框架来研究农业部门的发展对于工业部门增长的影响,探讨城乡之间人口流动问题,并对刘易斯模型的"劳动力无限供给"假设进行了反思。

哈里斯(Harris)和托达罗(Todaro)基于对发展中国家劳动力迁移的研究,认识到"过度城市化"对发展中国家造成的负面影响,提出了新的城乡人口流动模型。模型认为,农业劳动力是否向城市转移,取决于其在城市工作的预期收入水平,以及城市的失业状况。如果在城市的预期收入超过农村的收入,农村劳动力就会向城市迁移。当农村劳动力的转移速度过快,城市的非农业部门又无法消化时,就会导致城市失业规模扩大;城乡劳动力转移会在劳动力预期的城乡收入相等时达到均衡。哈里斯和托达罗通过这个模型得出了与刘易斯模型相悖的政策建议。由于会加重城市失业,并且激化城乡之间的矛盾,他们反对通过"城市偏向"政策推动城市的扩大,并且认为工业扩张解决不了发展中国家的失业问题。发展中国家农业发展相对落后的主要原因是对农业部门的忽视,片面强调对城市工业部门的投资。他们认为不能单纯依靠发展城市部门来带动农村经济,而应当推动稀缺资源向农业领域的配置,大力发展农村经济,并基于此提出了促进农村综合开发的政策性建议,以从根本上消除城市的失业问题,以及缩小城乡差距,促进二元经济的转化。这一思想对当前我国实施乡村振兴战略仍具有重要的指导意义。

施特尔(Stohr)与托德林(Taylor)在1977年的论文《空间平等:

① 舒尔茨.改造传统农业[M].梁小民,译.北京:商务印书馆,2006.

对当代区域发展学说异议》中提出了著名的"选择性空间封闭"发展理论。这一理论主张把权力赋予各地方或各区域"社区",不赞成把各地方、各区域更紧密地联系起来以推动各区域的经济一体化,同时,也不主张各地方或各区域搞闭关自守,而是主张把选择的权力赋予各地方或各区域"社区"。"选择性空间封闭"发展理论重视鼓励平衡发展的区域结构和城镇体系,尤其注重乡村地区的发展,主张控制城市的持续增长。其最终期望是乡村不仅能按照自身发展的需要来规划人力、物力和各种资源的发展,而且还能够控制和规避对其发展可能带来负面影响的外界联系。施特尔与托德林采用了"空间平等",即减少生活水平在空间上的不平等,作为评价区政策成功的标准,并且认为乡村集镇和中等城市以及农产品商品化在乡村发展中具有重要作用。

3. "城乡均衡"发展观

"城乡均衡"发展观主要包括罗森斯坦-罗丹(P. N. Rosenstein-Rodan)的"大推动"理论、"拉尼斯-费景汉二元经济论"和纳克斯(Ragnar Nurkse)的不发达国家的资本形成问题等。

罗森斯坦-罗丹在对东欧和东南欧进行考察后,在1943年发表了《东欧和东南欧国家工业化的若干问题》一文,提出了"大推动"理论的基本思想,之后在《关于"大推动"理论的注释》中,对其做了进一步的说明和补充。顾名思义,该理论的核心是强调在发展中国家或地区对国民经济的各个部门同时进行大规模投资,以促进这些部门的平衡增长,从而推动经济增长。"大推动"理论认为,区域经济增长取决于资本、劳动力和技术三个要素的投入状况。"大推动"理论的理论基础包括生产函数的不可分性、需求的不可分性和储蓄供给的不可分性。为了突破需求和供给对经济发展的限制,罗森斯坦-罗丹主张必须在足够大的范围内对几个相互补充的产业部门同时进行投资,从而产生外部经济效果,突破需求不足和供给不足两个方面对经济发展的限制。① "大推动"理论自面世以来,被大多数发展经济学家所接受和采纳,并在区域经济发展实践中得到印证和反映,为发展中国家或地区的工业化提供了钥匙和良方。

20 世纪 60 年代,费景汉和拉尼斯在《劳动剩余经济的发展》一书中,对刘易斯模型做了一些重要的补充和修正,并形成了"刘易斯-拉尼斯-费景汉"模型。他们把农业劳动的流动过程分为三个阶段。第一个阶段称为刘易斯第一拐点,此时,劳动生产率等于零的那部分劳动力流出,这部分劳动力是多余的。第二个阶段称为刘易斯第二拐点,此时,边际生产率大于零,但小于不变制度工资的劳动力的流出。这两个阶段的劳动是农业中伪装失业者的劳动。在第三个阶段,农业劳动的边际产品的价值大于不变制度工资的劳动流出,因此这部分的农业劳动力已经变成了竞争市场的产品。与刘易斯模型中设定农业部门完全处于消极的被动地位,只是为工业部门的扩张提供剩余劳动力不同,在"刘易斯-拉尼斯-费景汉"模型中,农业部门不仅具有刘易斯模型的功能,而且还为工业部门扩张所增加的劳动力提供必需的粮食来源,从而农业也必须迅速增长,为这些新增的非农劳动力提供粮食,否则农业剩余劳动力无法进行有效转移。"费景汉-拉尼斯拐点"的意义是,如果一个国家在推进工业化过程中,不重视农业生产,只是不断向工业转移农业资源,全社会资源就会都流入赢利高的行业,导致农业资源的投入不足,可能带来农产品总供给的结构性短缺,农产品价格上扬、粮食短缺问题将不可避免。因此在促进工业发展的同时,必须重视农业的作用和农业的均衡发展,否则就会造成农业发展停滞。以"刘易斯-拉尼斯-费景汉"模型为代表的研究发展中国家工农业关系的经典理论,为

---

① 卫大匡.大推动理论[J].开发研究,1988(2):32-34.

学者们广泛接受。

《不发达国家的资本形成问题》是美国经济学家雷格那·纳克斯编著的经济学著作,首次出版于 1953 年。该书认为,资本形成是不发达国家经济发展的核心问题。围绕资本形成这一核心问题,纳克斯提出了著名的"贫穷恶性循环"理论。他认为在贫穷的不发达国家,无论是在资本供给方面还是在资本需求方面,都存在着特定的循环关系,同时也面临资本供给不足和需求不足,这种循环关系使不发达国家在贫穷中徘徊,因而被称为"贫穷恶性循环"。从总体上说,世界上所有经济落后国家贫穷的原因都可以在一定程度上归咎于对投资的引诱小(资本的需求不足)或储蓄的能力低(资本的供给不足)。纳克斯提出了如何摆脱"贫穷恶性循环"的"平衡增长"的发展建议。[①]不发达国家的资本形成问题理论具有广泛的国际影响,其对贫困原因的分析及相关发展建议对发展中国家如何摆脱贫困、发展经济,具有重要的借鉴意义。

4."城乡融合"发展观

这一流派主要包括埃比尼泽·霍华德(Ebenezer Howard)的"田园城市"的理论、沙里宁(Eliel Saarinen)的"有机疏散"理论、芒福德(Lewis Mumford)的城乡发展观、麦基(T. G. Mcgee)的 Desakota 模式和岸根卓朗的"城乡融合设计"理论。

英国社会改革家埃比尼泽·霍华德在《明日的田园城市》一书中提出非常著名的"田园城市"理论,主张"用城乡一体的新社会结构形态来取代城乡对立的旧社会形态",使农业美和快乐达到完美融合。[②]霍华德提倡建设一个兼有城市和乡村优点的理想城市,从而使城市

---

① 武桂馥.诺克斯"贫穷恶性循环"理论述评[J].世界经济,1985(6):69-74.
② 霍华德.明日的田园城市[M].金经元,译.北京:商务印书馆,2006.

和乡村作为一个整体运行，实现各要素的自由流动；倡导建立在自由合作基础上的公民自治。他认为城乡都有其优点和缺点，而"城市-乡村"的融合则可以去掉各自的缺点，发扬优点。他倡导通过发展中小城市来代替大都市，形成高效的城市网络，以实现城市和乡村平衡、和谐发展。

沙里宁于 1943 年在《城市：它的发展、衰败和未来》一书中就详尽地阐述了"有机疏散"理论，他主张将原来密集的区域分成一个一个的集镇，集镇之间用保护性的绿化带分隔起来，使之既有联系，又有所隔离，共同成为一个城乡差距较小的城乡区域均质体，使城市具有良好的结构并健康发展，让居民既感受到城市的脉搏，而又不脱离自然。①

芒福德的城乡发展观认为城与乡是不可分的，城市和乡村同等重要，是需要紧密结合的有机体，社会城市应该是一个具有开放性的多孔可渗透的区域综合体。尽管芒福德继承了"田园城市"理论开出的药方，但在实现方式上却没有追随霍华德。他更相信国家和政府的力量，更欣赏以国家为主导的苏联新城建设模式。在城市发展的区域形态上，芒福德推崇发展清晰整体的区域交通网络，主张通过分散权力来建造新的城市中心，以形成一个更大的区域统一体，以现有城市为主体，发展平衡的社区，实现区域整体发展。他认为可以通过区域统一体来实现霍华德的"田园城市"模式，达到重建城乡间平衡的目的。

加拿大学者麦基从城乡联系与城乡生产要素流动的角度，研究社会与经济变迁对区域发展的影响。其着重点不在于城乡区别，而是城乡空间经济的相互作用及其对聚居形式和经济行为的影响。麦

---

① Saarinen E. The City. Its Growth, Its Decay, Its Future[M]. New York: Reinhold Publishing Corporation, 1943.

基指出,在亚洲某些发展中国家和地区,如印度尼西亚、泰国、印度、中国等的经济核心区域,出现了与西方的都市区类似而发展背景又完全不同的新型空间结构。麦基的 Desakota 模式提出的背景是 20 世纪末期,当时在亚洲的许多核心城市边缘及其交通走廊地带出现了与众不同的农业和非农业活动交错的地区。麦基通过其与西方传统城市化过程的比较研究认为,这种"城市与乡村界限日渐模糊、农业活动与非农业活动紧密联系、城市用地与乡村用地相互混杂的"空间形态代表了一种特殊的城市化类型,并称之为 Desakota 模式,以 Desakota 描述其形成过程。Desakota 模式这一概念自提出后逐渐为全球的一些学者所接受。

岸根卓郎的"城乡融合设计"理论试图建立超越城市、农村界限的人类经营空间,创造自然和人类信息的交换场所,产生"城乡融合的社会",强调建立农业、工业协调发展的"农工一体复合社会系统"和"自然-空间-人类系统",强调改造农村的办法不是让城市"侵入"农村,而是应该城乡融合,重视农村的作用,保全生态系统。

二、城乡融合发展的理论研究

1. 基于流的研究

1998 年,卡斯特(Castells)在继承列斐伏尔空间生产的观点的基础上,分析了流动空间内部的运作逻辑,并基于网络社会的特征,率先将网络引入空间研究,提出了"流空间"(space of flow)理论。[①] 流

---

① Castells M. The Informational City: Information Technology, Economic Restructuring And The Urban-Regional Process [M]. Oxford: Blackwell, 1989.

空间物化并依附于地理空间是一个必然,在流要素供给与需求产生的要素流场梯度力作用下,流空间的功能、作用强度等产生差异并不断发展,从而使"流空间"在实践尺度上的作用表现为集聚与扩散、关联与分异。① 城市有机体人流、物流、信息流在城市地区的集中与扩散,形成了城市与区域发展相互融合的地域生产综合体。② 在信息技术广泛应用的背景下,传统空间结构理论所依赖的"距离衰减"和"收益递减"规律面临挑战,相关研究的重点从城市空间形态、区域核心-边缘结构、区域城镇等级体系,逐渐转向城市网络的结构、功能和连接关系。③ 近年来,在大数据广泛应用的背景下,对流空间的认识也从单一的要素流网络分析转向对虚实空间互动耦合结果的流动空间转变④,需要借助人类活动大数据来分析区域和城乡之间的互动过程、模式及格局。学者们广泛从人、地、钱等方面来研究城乡生产要素流动问题,以及高速公路开通和铁路提速对城乡收入分配的影响⑤,发现劳动力要素双向流动梗阻、土地要素流动城乡有别、资本要素双向流动动力不足以及数据信息要素交换传递不畅是阻碍新型工农城乡关系构建的主要因素⑥。城乡之间要素流动的类型、流向、规模与效率失衡,乡村要素配置总体上呈现可流动要素类型少、要素流

① 董超."流空间"的地理学属性及其区域发展效应分析[J].地域研究与开发,2012(2):5-8.

② 姚士谋,汤茂林,李昌峰,等.中国城市与区域发展相互关系的多层面研究[J].地理科学进展,1999(3):208-214.

③ Batten D F. Network cities: creative urban agglomerations for the 21st century [J]. Urban Studies,1995(2):313-327.

④ 甄峰,秦萧,席广亮.信息时代的地理学与人文地理学创新 [J].地理科学,2015(1):11-18.

⑤ 杨茜,石大千.交通基础设施、要素流动与城乡收入差距[J].南方经济,2019(9):35-50.

⑥ 罗明忠,刘子玉.要素流动视角下新型工农城乡关系构建:症结与突破[J].农林经济管理学报,2021(1):10-18.

出难、要素流入难、要素留下更难的"一少三难"状态。①

2.城乡融合发展的动力机制研究

近年来,城乡融合发展的动力机制也引起部分学者的关注,根据其研究视角的不同,可以分为三类。

一是系统视角。众多学者认为,内部动力因素、外部动力因素以及与上述动力因素密切相关的环境因素共同构成城乡融合发展的动力因素。② 李同升和库向阳提出,中心城市的扩散效应、乡镇企业发展、农业产业化和小城镇建设是融合发展的主要推动力。③ 杨佩卿从产业发展动力、市场环境动力、外向经济动力、政府行政动力四方面,理论阐释新型城镇化均衡动力机制。④ 吴丽娟等则认为,城乡统筹的动力机制应"因地制宜"、"因时制宜"。⑤

二是主体视角。从城和乡两个主体视角出发,可将城乡融合发展的动力归纳为自上而下型、自下而上型、自上而下与自下而上结合型。

自上而下型:这类观点强调中心城市的辐射作用,认为健康城镇化是推动统筹城乡经济社会发展的最为重要的基础和动力⑥,重视政

---

① 宁志中,张琦.乡村优先发展背景下城乡要素流动与优化配置[J].地理研究,2020(10):2201-2213.

② 胡金林.我国城乡一体化发展的动力机制研究[J].农村经济,2009(12):30-33.

③ 李同升,库向阳.城乡一体化发展的动力机制及其演变分析——以宝鸡市为例[J].西北大学学报(自然科学版),2000(3):256-260.

④ 杨佩卿.西部地区新型城镇化动力机制及其测度[J].人文杂志,2019(11):63-73.

⑤ 吴丽娟,刘玉亭,程慧.城乡统筹发展的动力机制和关键内容研究述评[J].经济地理,2012(4):113-118.

⑥ 段进军.健康城镇化是推动统筹城乡发展的动力[J].改革,2009(5):124-130.

府政策支持等的决定性作用①。

自下而上型：这类观点强调农业、农村、农民的自身发展，认为农村工业化、农村城镇化、农业产业化、基础设施改善、乡镇企业发展、农民素质提升、农民外出务工、土地流转、城乡贸易等是城乡融合发展的动力。② 盛宗根和周小仁指出，对农民的宅基地、林权地、承包地的使用权财产量化是推动城乡融合发展的动力。③

自上而下与自下而上结合型：张登国认为城乡利益差别是城乡融合发展的内在动力，产业发展是经济动力，政府利益驱动是城乡融合发展的主导动力，基层党建是城乡一体化的组织动力。④ Lin 认为，交通发展对城乡融合发展产生着巨大影响，有助于大城市区域的扩展和农村区域经济的内生增长。⑤ 程必定认为，新市镇是城乡融合发展的空间载体。⑥ 由于小城市尤其是县城与乡镇所在地的数量性和基础性，它们在城乡经济社会一体化中起着更为重要的推动与载体作用。⑦ 周端明和刘军明认为，应提高农业对非农业部门的相对劳动

---

① 鲁奇，曾磊，王国霞，任国柱. 重庆城乡关联发展的空间演变分析及综合评价[J]. 中国人口·资源与环境，2004(2)：82-88.

② 姜长云. 城乡融合发展和乡村振兴应把握的关键词[J]. 乡村振兴，2020(8)：17-18；魏杰，李富忠，刘学，高富岗. 中国城乡协调发展的综合评价与研究[J]. 山西农业大学学报(社会科学版)，2015(11)：1123-1128，1172；Unwin T. Agricultural restructuring and integrated rural development in Estonia[J]. Journal of Rural Studies，1997(1)：93-112.

③ 盛宗根，周小仁. 对农民的宅基地、林权地、承包地的使用权财产量化是推动城乡一体化的动力[J]. 农业开发与装备，2013(9)：27，51.

④ 张登国. 我国城乡一体化的动力体系研究[J]. 乡镇经济，2009(11)：91-94.

⑤ Lin G C S. Transportation and metropolitan development in China's Pearl River Delta：the experience of Panyu[J]. Habitat International，1999(2)：249-270.

⑥ 程必定. 新市镇：中国县域新型城镇化的空间实现载体[J]. 发展研究，2011(6)：24-28.

⑦ 白永秀. 后改革时代的关键：城乡经济社会一体化[J]. 经济学家，2010(8)：84-89.

生产率,加快农业劳动力向非农部门转移。① 刘君德等认为,城乡转型发展的主要动力机制包括自下而上的集聚力机制、自上而下的扩散力机制以及对外开放的外力机制。② 李习凡和胡小武基于江苏省城乡一体化建设实践,提出城乡一体化的"圈层结构"和"梯度发展"模式与路径,认为江苏省可以确立适度跳跃、跨越型的城乡一体化发展战略。③

三是发展阶段视角。段杰和李江指出,城乡融合发展的动力机制是随着生产力的发展而不断变化的,不同的时代有不同的动力结构。④ Itoh认为,在城乡一体化发展初期,应该给予城市部门补贴,以实现规模回报,在城乡一体化发展后期,应该多收税,减少移民,以实现长期最佳稳定状态。⑤ 李同升和厍向阳认为在政策和市场机制的引导下,不同阶段的构成和形式有所不同。⑥ 刘自强等在城乡二元对比系数的基础上,设计了农业相对发展指数作为国际可比的衡量各国城乡关系与二元结构强度的指标,发现多数发展中国家在工业化的前期都会出现农业相对指数下降、二元结构强度上升、城乡差距拉大等城乡分离发展的问题,但随着经济发展和工业化水平的提升,这一趋势会有所改变,转折的临界点是成为中

---

① 周端明,刘军明.二元性与中国城乡居民收入差距演进:理论模型与计量检验[J].安徽师范大学学报(人文社会科学版),2009(3):264-268.

② 刘君德,彭再德,徐前勇.上海郊区乡村——城市转型与协调发展[J].城市规划,1997(5):44-46.

③ 李习凡,胡小武.城乡一体化的"圈层结构"与"梯度发展"模式研究——以江苏省为例[J].南京社会科学,2010(9):70-75,91.

④ 段杰,李江.中国城市化进程的特点、动力机制及发展前景[J].经济地理,1999(6):79-83.

⑤ Itoh R. Dynamic control of rural-urban migration[J]. Journal of Urban Economics,2009(3):196-202.

⑥ 李同升,厍向阳.城乡一体化发展的动力机制及其演变分析——以宝鸡市为例[J].西北大学学报(自然科学版),2000(3):256-260.

等收入国家。①

3. 城乡融合发展策略研究

随着发展型小农家庭的兴起,农民家庭得以走出长期以来"过密化"农业的低水平增长陷阱,这深刻改变着乡村社会的发展图景。② 就地城镇化是新型城镇化的主要途径,对于消除传统城镇化出现的"城市病",以及推动城乡融合发展具有积极作用。③ 总体而言,新的发展阶段、发展环境以及政策框架,正促使我国的城乡发展发生更加深刻的变化,并进入一个"强联系"驱动下的新型城乡关系构建时期。④

21 世纪初,我国学者曾菊新提出了城乡网络化发展模式,是对城乡融合发展研究的一种新的理论探索。曾菊新指出,我国城市化研究不能只重视城市化的"聚集"过程,也应重视城乡之间人口、产业、信息等要素以及空间的"关联"过程研究,并尝试从经济发展视角出发,提出一种城乡网络化发展模式,并从地域经济的过程论、关联论、组织论和经济发展条件论等四个方面进行详细分析。⑤ 概括而言,城乡网络化发展是指城乡发展网络系统的生成、发展、完善和不断优化的演进过程,包括城镇、基础设施、产业、企业、市场等多个方面的网络化发展。城乡网络化发展模式强调城乡经济活动与空间组织之间

---

① 刘自强,李静,鲁奇.41 个国家城乡发展演变规律总结与变革的临界点分析[J].世界地理研究,2008(3):1-7,42.

② 张建雷.发展型小农家庭的兴起:中国农村"半工半耕"结构再认识[J].中国农村观察,2018(4):32-43.

③ 郝鹏.农村区域经济发展视域下的就地城镇化建设路径研究[J].农业经济,2017(6):27-29.

④ 刘春芳,张志英.从城乡一体化到城乡融合:新型城乡关系的思考[J].地理科学,2018(10):1624-1633.

⑤ 曾菊新.现代城乡网络化发展模式[M].北京:科学出版社,2001.

的相互作用关系,指出城乡经济、社会、政治等活动可以产生空间组织形式,而城乡空间组织形式又会影响区域经济、社会、政治等人文过程。曾菊新进一步提出了城乡空间创新的发展理念,主张在揭示城乡空间演化一般性规律的基础上,构建适应区域经济发展的新的城乡网络化结构,并优化城乡地域系统的有机构成。城乡网络化发展不仅是城乡地域发展的客观规律,而且是我国可供选择的城乡协调发展理论范式和具有指导意义的城市化模式。

著名社会学家费孝通从乡村立场出发,对城乡关系给予了一定程度的关注和研究,创造性地提出了"相成相克"的概念,认为相成与相克之间的张力影响和决定着中国城乡关系的历史演变。① 刘彦随等的研究认为新时期推进城乡发展一体化,亟须着眼于城乡地域系统"人-业-地"协同转换的科学思路,统筹协调产业和城镇发展,探索差别化的城乡发展的科学路径,加快创新城乡土地配置与管理制度,全面构建村镇建设新格局,深化城乡发展转型体制机制改革,营造中国城乡平等、协调、一体化发展的内生机制及外部环境。②

黄燕芬和张超构建了基于二元经济理论的"权能-权利-权益"中国城乡融合发展机制分析框架,认为当前健全城乡融合发展机制面临的挑战主要包括:土地权能的身份依附特征明显,城乡劳动力要素难以自由流动;土地权利价值差异巨大,城乡土地要素难以平等交换;城乡土地和劳动力要素权益不对等,城乡融合存在制度性障碍等。③

赵康杰和景普秋认为,新时代全方位开放、乡村振兴有助于化解

---

① 李金铮."相成相克":二十世纪三四十年代费孝通的城乡关系论[J].中国社会科学,2020(2):93-117.

② 刘彦随,严镔,王艳飞.新时期中国城乡发展的主要问题与转型对策[J].经济地理,2016(7):1-8.

③ 黄燕芬,张超."十四五"期间健全城乡融合发展机制研究[J].中国人口科学,2021(1):12-22,126.

城乡不平衡矛盾。城乡关系步入互动融合发展新阶段,在新时代背景下需加快城乡经济一体化,建立统一公共产品保障体系,要进一步加快西部、东北等经济相对落后的困难地区跟上步伐,在全方位开放格局构建中形成区域特色城乡互动空间格局。[①] 叶超和于洁认为,应该在厘清城乡在行政管理、土地、户籍和社会保障制度间关系基础上,进行多维制度联动改革、多尺度整合,从国家、省域、城市、县域、乡镇到社区,激发以社区为核心的基层治理活力,进而创新我国城乡共治的模式。[②] 谢东东等认为,开放村庄是优化城乡要素配置、实施乡村振兴战略以及发挥乡村多元价值的必由之路,但是同时又面临着要素集聚困难、服务质量低下及集体产权开放性不够的现实挑战。[③]

高帆认为经济增长、结构转化和体制转轨是理解我国城乡二元经济结构问题以及其他经济社会问题的基本背景。在上述背景下,我国农村居民的劳动生产率、收入水平、消费水平以及社会福利水平在时序意义上均呈现出持续提升的态势,但与城市居民相比仍处在相对滞后状态,我国仍面临着显著的城乡二元经济结构(以及城乡二元社会结构)问题,在某些特定时期,城乡经济发展的"失衡"情况甚至趋于加剧。[④]

高帆还从分工视角分析了城乡二元经济结构的根源。他利用新古典经济学框架构建了一个逐次放松条件的模型,发现二元经济

① 赵康杰,景普秋.新中国 70 年城乡互动与城乡一体化演进——基于对外开放视角[J].南开学报(哲学社会科学版),2019(4):23-35.

② 叶超,于洁.迈向城乡融合:新型城镇化与乡村振兴结合研究的关键与趋势[J].地理科学,2020(4):528-534.

③ 谢东东,赵泽皓,孔祥智.村庄何以开放?——基于城乡融合视角[J].南方经济,2021(8):12-23.

④ 高帆.中国城乡二元经济结构转化:理论阐释与实证分析[M].上海:上海三联书店,2012.

结构问题主要源于部门的个人专业化水平、迂回生产程度和产品种类数的不同,认为二元经济结构是两部门分工水平差异的客观产物。这为我们理解城乡二元经济结构的产生根源提供了新的视角。①

郁建兴和高翔构建了一个政府调控和引导农业农村发展的新的分析框架,认为加强和改善政府对农业农村发展的调控、引导,就需要:基于农业市场化取向,改革农村基本经营制度和农业支持保护体系;以政府为主体,构建城乡一体化的基本公共服务体系,创新农村社会管理体制;重构政府行政管理体制。②

涂圣伟主张应以实现人的自由迁徙与社会融合、工农部门"效率收敛"、要素市场化配置为基本导向,畅通城乡人口双向迁徙、资源要素双向流动、人与自然和谐共生"三个循环",筑牢市场、法治、信用三大根基,推进城乡要素配置合理化、产业发展融合化、公共服务均等化、基础设施连通化、居民收入均衡化,重塑城乡关系。③ 颜培霞基于城乡融合视域,从农业增长、质效提升、结构优化三个维度,构建了以市场扩张、功能集聚、模式创新三大动力机制为核心的经济转型逻辑框架,认为市场扩张是拉动特色村经济转型、促进农民增产增收的重要引擎,功能集聚是重要支撑,模式创新是核心动力。④

赵志营等在对公共资源城乡共享、网络化与城镇化耦合协调机制进行理论分析的基础上,认为应该树立协调发展理念,充分发挥公

---

① 高帆.分工差异与二元经济结构的形成[J].数量经济技术经济研究,2007(7):3-14.

② 郁建兴,高翔.农业农村发展中的政府与市场、社会:一个分析框架[J].中国社会科学,2009(6):89-103,206-207.

③ 涂圣伟.城乡融合发展的战略导向与实现路径[J].宏观经济研究,2020(4):103-116.

④ 颜培霞.城乡融合视域下特色村经济转型的动力机制[J].农业经济问题,2021(5):137-144.

共资源城乡共享、网络化与城镇化的互补优势。特别是要利用城镇化为网络化和公共资源城乡共享提供政策性支持，发挥网络化在城镇化与公共资源城乡共享进程中的"催化剂"作用，提升城镇化与网络化质量。①

魏后凯分析了新常态下我国城乡一体化格局的新特点和新趋势：城镇化增速放缓，市民化意愿减弱，城乡收入差距进入持续缩小时期，要素从单向流动转向双向互动，政策从城市偏向转向农村偏向。②

第四节　研究意义

自改革开放以来，我国城乡经济社会不断发展，市场在资源配置中的作用不断增强，不同产业间要素的市场化配置基本实现，城乡交换关系逐步改善，城乡分割开始松动。基于对城乡关系变化态势的现实评估以及可持续发展观的内在要求，国家"十五"计划在城乡关系协调方面提出将"增加农民收入放在经济工作的突出位置"；党的十六大明确提出统筹城乡经济社会发展的方略；党的十七大进一步提出形成城乡经济社会发展一体化新格局，党的十七届三中全会提出了至 2020 年基本建立城乡经济社会发展一体化体制机制的改革目

---

① 赵志营，李盛竹，李倩. 中国公共资源城乡共享、网络化与城镇化的耦合协调发展研究[J]. 调研世界，2021(6)：3-11.

② 魏后凯. 新常态下中国城乡一体化格局及推进战略[J]. 中国农村经济，2016(1)：2-16.

标,标志着我国城乡关系进入了一个划时代的新阶段;党的十八届三中全会提出"形成以工促农、以城带乡、工农互惠、城乡一体的新型工农城乡关系,让广大农民平等参与现代化进程、共同分享现代化成果",意味着我国城乡关系建设站在了更高的历史起点;党的十九大提出要实施乡村振兴战略,建立健全城乡融合发展体制机制和政策体系,这是对城乡一体的继承和超越,是新农村建设的加强版和升级版。

展望未来,新常态下我国经济社会将面临深刻而全面的转型。这将是我国推进城乡融合发展的关键时期,需要全面加快推进农村改革,建立城乡融合发展的体制机制,为转变经济发展方式、实现公平与可持续发展奠定重要基础。城乡融合是一个不断深化改革的过程,即打破原有城乡二元结构,继而建立新体制的过程。只有不断创新体制机制,才能突破二元结构的瓶颈,才能为城乡融合发展的推进提供强大动力和持续保障。城乡融合发展的全面推进将极大地改变我国经济社会面貌,再一次解放生产,推动我国顺利走出"中等收入陷阱","加快构建以国内大循环为主体、国内国际双循环相互促进的新发展格局",向共同富裕的社会迈进。基于此,研究、探讨城乡融合发展的新形势和推进策略,适当选择解决"三农"问题的着力点,统筹推进一些重要领域和关键环节的体制机制改革,是当前推进我国城乡融合发展的当务之急。

国际经验表明,城市化水平处在50%左右的时期,是推动城乡融合的最佳时期。2020年,我国城镇化率已达到63.89%,这意味着我国经济社会已发展到破除城乡二元结构、推进城乡融合发展的新阶段,我国城乡一体化发展已经走过政策性调整阶段,进入布局性和制度性建设阶段,走过了着力于消除城乡关系的矛盾和危机阶段,进入主动地根据我国全面建成小康社会目标而正确处理城乡关系的新阶段。正如习近平同志指出的:"我们一定要抓紧工作、加大投入,努力在统筹城乡关系上取得重大突破,特别是要在破解城乡二元结构、推进城乡要素平等交换和公共资源均衡配置上取得重大突破，给农村发展注入新的动力，让广大农民平等参与改革发展进程、共同享受改革发展成果。"①

在这样的背景下，分析新时代我国城乡融合发展的总体状况，要从分析市场与政府、农业与非农产业、农村与城市、大城市与中小城市等关系入手，深入研究新常态下城乡融合发展面临的新问题、新挑战和新动力，探析当前农业现代化、农村城镇化、农民市民化等面临的机遇，在深入分析的基础上总结、凝练城乡融合发展的对策，从而形成以工促农、以城带乡、工农互惠、城乡一体的新型工农、城乡关系，应分层考量我国城乡融合发展面临的现实阻隔，从整体上寻求推进城乡融合发展的制度供给的方向、路径和阶段性重点。同时，应基于大国特征、结构转型和政策效率的非均质性差异，在逻辑演进、凝练对策时，特别注意考量不同体制机制安排的操作可行性、策略整体性、市场力量主导性和主体包容性。在研究过程中基于动态的、综合的视角和思维方式去观察、分析、求解问题。

因而本书有助于从本质上认识、把握城乡融合发展的内在规律，有助于从整体上寻求激励相容、富有效率的政策措施，有助于形成更具操作性、前瞻性的政策建议和决策参考，具有十分重要的实践价值和时代意义。本书对深入认识新时代城乡融合新实践的内在规律，系统把握新时代城乡融合实践发展的方向，从而推动新时代城乡融合发展的伟大实践具有极其重要和深远的意义。同时，本书系统研究新时代我国城乡融合发展的理论和实践，有助于全社会系统认识社会主义城乡建设规律，有助于讲好城乡融合的中国故事，有助于让国内外民众认识到一个融合发展、立体多彩的城乡中国。

---

① 习近平：健全城乡发展一体化体制机制 让广大农民共享改革发展成果[J].中国党政干部论坛，2015(6)：1.

第二章

新时代城乡融合发展的现实基础

　　过去,外部制度障碍造成了封闭的城乡关系,造成了城市带动农村经济发展机制的缺失。自改革开放以来,我国城乡经济社会不断发展,城乡交换关系逐步改善,城乡分割开始松动。正如习近平总书记指出的:"这些年,农村基础设施加快改善,县一级基本都通高速公路了,大多数村庄都通公路了,村一级宽带互联网基本都覆盖了,物流配送也大规模下乡了。实施乡村振兴战略有基础、有条件、有需求,我们必须抓住这一历史契机,顺势而为,乘势而上,着力开创'三农'工作新局面。"①

　　改革开放以来,我国经济建设和社会发展取得了举世瞩目的成就,在这个过程中,我国城乡关系整体上呈不断改善的状态。我国的城镇化率迅速从 1978 年的 17.9% 提升到 2020 年的 63.89%,平均每年上升超过 1 个百分点。快速城镇化在促进城镇崛起的同时,也带动了乡村社会的发展。党和国家更是直面城乡融合发展中面临的焦点、难点问题,从城乡养老并轨、社会救助并轨到基本医疗保险并轨,从城镇常住人口基本公共服务并轨到户籍并轨,农村建立了免费义务教育、新型农村合作医疗、农村最低生活保障、农村社会养老保险等制度,不断推进土地制度、公共服务、农村社会治理、农村生态环境治理等基本制度的变革,全力实施脱贫攻坚,逐渐打破工与农、城与乡的界限藩篱。国家选择了一些先发区域试点实施包括城乡产业、要素市场等更大范围和更高层次的一体化和融合发展政策,城乡二

---

　　①　参见中国青年网:http://dysj. youth. cn/snqy/201905/t20190516_11954986. htm。

元结构的冰点正在消融，难点开始破题，底线加紧筑牢。

党的十九大报告中也多处总结了城乡融合发展所取得的成效，如："农业现代化稳步推进，粮食生产能力达到 1.2 万亿斤"；"城镇化率年均提高 1.2 个百分点，8000 多万农业转移人口成为城镇居民"；"一大批惠民举措落地实施，人民获得感显著增强"；"脱贫攻坚战取得决定性进展，6000 多万贫困人口稳定脱贫，贫困发生率从 10.2％下降到 4％以下"；"教育事业全面发展，中西部和农村教育明显加强"；"覆盖城乡居民的社会保障体系基本建立"等。

第一节　城乡居民收入差距不断缩小

城乡居民收入差距由急剧扩大到逐步缩小，是城乡关系转向的重要标志。2002—2013 年，我国的城乡居民人均收入比一直在 3 以上，2007 年城乡居民人均收入比达到改革开放以来的最高水平 3.33，2014 年城乡居民人均收入比首次降至 3 以下。2020 年，城镇居民人均可支配收入为 43834 元，农村居民人均可支配收入为 17131 元，城乡居民人均收入比下降到 2.56。城乡居民人均收入比自 2009 年开始逐年降低，进入持续下降通道（见图 2-1）。本节将主要分析促进农民收入增加的重要因素。

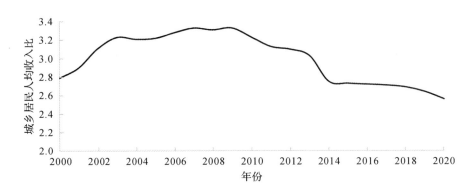

图 2-1　2000—2020 年我国城乡居民人均收入比

一、新经济驱动

1. 休闲农业与乡村休闲旅游业的快速增长

随着经济社会发展和人民生活水平提高,农业的观光休闲功能、文化传承功能在经济新常态下进一步彰显,农业的多功能性日益突出。根据调查,2019 年我国乡村休闲旅游业接待游客数量超过 30 亿人次,直接带动吸纳就业人数 1200 万人,带动受益农户 800 多万户。① 截至 2020 年底,已有"一村一景"、"一村一韵"美丽休闲乡村 1216 个,乡村休闲旅游精品线路 1000 条。乡村休闲旅游业吸纳就业能力显著提升,直接带动吸纳就业人数 1200 万人,带动受益农户 800

---

① 参见中国经济网:http://www. ce. cn/culture/gd/202009/27/t20200927_35824357. shtml。

多万户。① 休闲农业与乡村休闲旅游业逐渐成为连接城乡的重要桥梁和纽带，凸显农业农村的经济价值、生态价值、美学价值，延伸了传统农业的产业边界，增加了农民收入，农业多功能性的市场价值也得以体现。

2."互联网＋农业"的带动

"互联网＋"思维有助于推动传统产业加快升级，"互联网＋"在农业中的应用为农业现代化发展提供了动力。"互联网＋"把物理性的空间距离转变为时间距离，缩短了市场要素的空间距离，扩大了农产品销售半径，实现了农业生产要素买全国、农业产品卖全国乃至全球，深刻地改变着农业的生产方式和农民的生活方式，也使农村面貌发生了翻天覆地的变化：一方面，有助于获得低价高质生产要素，降低农业生产成本；另一方面，有助于延长农业生产的产业链条，实现从农业生产到终端消费的跨区域协调互动，实现农业生产从简单的初级产品生产到加工、设计、包装、储藏、运输、销售各个环节，促进农业服务业的发展，实现农产品的高价值。

"互联网＋农业"在发展农业生产的同时，导入第二、第三产业的各类要素，促进产业联动，以形成产、供、销、加互促的完整产业体系。"互联网 ＋ 农业"推动了农业产业资本、技术和人才的"下乡"，为农民掌握农村要素流通和收益分配主动权、构建内生发展动力打开了突破口，解决了部分地区区位劣势、信息不畅等造成的农产品滞销问题，带动了农村包装、物流、运营等农村相关行业的发展。

从 2015 年开始，国家相关部门密集出台了多项政策文件支持农村电子商务发展，包括农村电子商务基础设施建设、农村电商体系搭

---

① 参见央视网：http://news. cctv. com/2021/01/06/ARTIFmrNz89EgI7MP wxS37m4210106. shtml。

建、电子商务进农村综合示范等方面，以促进农村电子商务的发展。2016年底，国家出台《促进电子商务发展三年行动实施方案（2016—2018年）》，提出要扶持特色农林业和农资电子商务新业态，着力培育电子商务新模式、新业态，改善农村电子商务发展环境，激发电子商务应用及创新活力，提高农村电子商务应用能力等。2019年，中央一号文件指出要继续开展电子商务进农村综合示范，实施"互联网＋"农产品出村进城工程，全面推进信息进村入户。当前，宽带网络和智能手机在农村地区已经非常普及，为电子商务在农村区域的发展提供了基础条件。2019年，全国农产品网络零售额达到了3975亿元，比2016年增长了1.5倍。农村地区收投快递超过150亿件，占全国快递业务总量的20％以上。全国农村网商突破1300万家，吸引了一大批农民工、大学生、退伍军人返乡创业。① 仅在疫情期间，2020年一季度，全国农产品网络零售额就高达936.8亿元，增长了31.0％；电商直播超过400万场。② 农业生产领域技术支撑能力显著增强，科技进步贡献率从2012年的53.5％提升到2020年的60％以上。③

二、扶贫攻坚取得伟大成就

2015年6月18日，习近平总书记在贵州召开部分省区市党委主要负责同志座谈会时指出，"消除贫困、改善民生、实现共同富裕，是

---

① 参见中国经济网：http://district. ce. cn/newarea/roll/202003/28/t20200328_34570907. shtml。

② 参见中国食品安全网：https://www. cfsn. cn/front/web/site. newshow? newsid＝26024。

③ 参见中国经济网：http://www. ce. cn/xwzx/gnsz/gdxw/202107/19/t20210719_36728200. shtml。

社会主义的本质要求,是我们党的重要使命"①。

正如习近平总书记指出的:"我们在脱贫攻坚领域取得了前所未有的成就,彰显了中国共产党领导和我国社会主义制度的政治优势。"②"贫困地区发展步伐显著加快,经济实力不断增强,基础设施建设突飞猛进,社会事业长足进步,行路难、吃水难、用电难、通信难、上学难、就医难等问题得到历史性解决。义务教育阶段建档立卡贫困家庭辍学学生实现动态清零。具备条件的乡镇和建制村全部通硬化路、通客车、通邮路。新改建农村公路110万公里,新增铁路里程3.5万公里。贫困地区农网供电可靠率达到99%,大电网覆盖范围内贫困村通动力电比例达到100%,贫困村通光纤和4G比例均超过98%。790万户、2568万贫困群众的危房得到改造,累计建成集中安置区3.5万个、安置住房266万套,960多万人'挪穷窝',摆脱了闭塞和落后,搬入了新家园。许多乡亲告别溜索桥、天堑变成了通途,告别苦咸水、喝上了清洁水,告别四面漏风的泥草屋、住上了宽敞明亮的砖瓦房。千百万贫困家庭的孩子享受到更公平的教育机会,孩子们告别了天天跋山涉水上学,实现了住学校、吃食堂。28个人口较少民族全部整族脱贫,一些新中国成立后'一步跨千年'进入社会主义社会的'直过民族',又实现了从贫穷落后到全面小康的第二次历史性跨越。所有深度贫困地区的最后堡垒被全部攻克。脱贫地区处处呈现山乡巨变、山河锦绣的时代画卷!"③

---

① 参见中国网:http://www.china.com.cn/lianghui/fangtan/2016-03/01/content_37908434.htm。

② 参见新华网:http://www.xinhuanet.com/nzzt/139/。

③ 参见中国政府网:http://www.gov.cn/xinwen/2021-02/25/content_5588869.htm。

"十三五"时期,我国超过5000万农村贫困人口摆脱绝对贫困。全国建档立卡贫困人口人均纯收入从2016年的4124元增加到2019年的9057元,年均增幅达到约30％。贫困群众"两不愁"质量水平明显提升,"三保障"突出问题总体解决。全国累计建成约3.5万个集中安置区、266万多套安置住房,960多万名贫困搬迁民众乔迁新居,有效解决了"十三五"期间近五分之一贫困人口的脱贫问题。全国农村贫困人口从2012年底的9899万人,减少到2019年底的551万人,贫困发生率由10.2％下降到0.6％。区域性整体贫困问题基本得到解决。截至2020年5月17日,河北、山西、内蒙古、吉林、黑龙江、安徽、江西、河南、湖北、湖南、广西、海南、重庆、四川、贵州、云南、西藏、陕西、甘肃、青海、宁夏、新疆等22个省份的780个贫困县已宣布脱贫摘帽。党的十八大以来,我国6年累计减贫8239万人,年均减贫1300多万人,平均每分钟近30人摘掉贫困帽子。截止到2020年第二季度末,全国扶贫小额贷款累计发放近5000亿元,惠及贫困户1100多万户次。①

三、非农就业收入增加

伴随着市场化导向的经济体制转型和我国经济的不断快速增长,我国农村劳动力获得了在城乡、地区和产业之间进行职业转化的自主权,越来越多的农村劳动力可以通过非农化流转进入其他产业,获得更高的经济回报。近年来,农民工总体规模不断扩大(见图2-2)。根据2019年农民工监测调查报告,2019年我国农

---

① 参见光明网:https://guancha.gmw.cn/2020 – 10/17/content_34278055.htm。

民工总量达到 29077 万人，比 2018 年增加 241 万人，增长 0.8%。其中：本地农民工为 11652 万人，比 2018 年增加 82 万人，增长 0.7%；外出农民工为 17425 万人，比 2018 年增加 159 万人，增长 0.9%。在外出农民工中，2019 年底在城镇居住的进城农民工有 13500 万人，与 2018 年基本持平。①

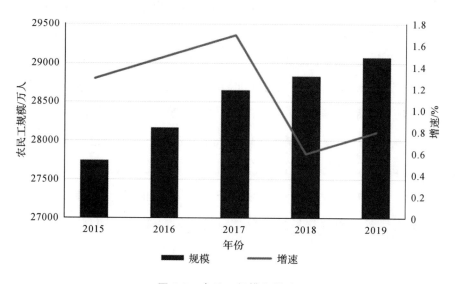

图 2-2　农民工规模和增速

在农民工外出务工的过程中，党和国家通过增强对农民工的劳动就业培训及服务，强化对农民工劳动权益的保护，有序推动在城镇稳定就业和居住的农民工市民化，稳步推动基本公共服务向农民工覆盖，引导各地适时合理提高最低工资标准，推动了农民外出就业规模的持续扩大，工资收入连年大幅度提高。2015 年以来，工资性收入已超越家庭经营净收入，成为我国农民人均可支配收入的首要来源。2018 年，工资性收入、家庭经营净收入占农民人均可支配收入的比例

① 参见国家统计局网站：http://www.stats.gov.cn/tjsj/zxfb/202004/t20200430_1742724.html。

分别为 41.02％和 36.66％。2019 年,农民工月均收入为 3962 元,比 2018 年增加 241 元,增长 6.5％。农民工集中就业的六大行业月均收入均稳定增长,其中:从事制造业的农民工月均收入为 3958 元,比 2018 年增加 226 元,增长 6.1％;从事建筑业的农民工月均收入为 4567 元,比 2018 年增加 358 元,增长 8.5％;从事批发和零售业的农民工月均收入为 3472 元,比 2018 年增加 209 元,增长 6.4％;从事交通运输仓储邮政业的农民工月均收入为 4667 元,比 2018 年增加 322 元,增长 7.4％;从事住宿餐饮业的农民工月均收入为 3289 元,比 2018 年增加 141 元,增长 4.5％;从事居民服务修理和其他服务业的农民工月均收入为 3337 元,比 2018 年增加 135 元,增长 4.2％(见表 2-1)。

表 2-1　分行业农民工月均收入及增速

产业	2018 年月均收入/元	2019 年月均收入/元	增速/％
制造业	3732	3958	6.1
建筑业	4209	4567	8.5
批发和零售业	3263	3472	6.4
交通运输仓储邮政业	4345	4667	7.4
住宿餐饮业	3148	3289	4.5
居民服务修理和其他服务业	3202	3337	4.2
平均	3721	3962	6.5

数据来源:国家统计局网站(http://www.stats.gov.cn/tjsj/zxfb/202004/t20200430_1742724.html)。

四、城市工商资本下乡与返乡创业为农业现代化提供了要素和组织支撑力

农业自身资本积累较少、较慢，难以满足农业现代化的资本需求。舒尔茨在《改造传统农业》一书中指出在封闭情况下，传统农业是贫穷而有效率的，要改造传统农业需要引入新的收入流，工商资本下乡可以向农业领域注入新的资本、信息、知识、技术等，促进农业内部资源的有序重组。近年来，工商资本下乡呈现加速之势，外部巨量资源进入与内部优势资源有序组合，积聚集中，显著推动了农业现代化进程。2013年的中央一号文件就提出，"鼓励和引导城市工商资本到农村发展适合企业化经营的种养业"。2020年，农业农村部办公厅国家乡村振兴局综合司印发的《社会资本投资农业农村指引（2021年）》进一步指出，"正确引导社会资本有序进入农业农村经济领域"。工商资本下乡实现了对传统农业、农村、农户的现代化改造。一方面，工商资本下乡直接为农业带来了大量资源流，为农业现代化发展提供了稀缺的资金、技术和人才资源，有力改善了农业投资不足的情况，并凭借自身在企业规模、管理经验、品牌营销等方面的优势，为农业现代化、产业融合互动提供了组织保障，有助于农业生产经营的专业化，提高农产品的商品化率和市场化水平。另一方面，工商资本下乡还带来了技术和知识的溢出效应，通过前向联系和后向联系带动技术知识溢出，促进农业产业链的培育和发展，促进了先进的农业生产技术和知识、管理理念和市场信息在农业领域的扩散，间接促进农村劳动力的人力资本积累，进而促进已有知识的交换、新知识的形成和能力的发展。

在国家政策支持下，农民工返乡创业规模不断扩大。根据农业

农村部统计数据,2019 年,全国各类返乡下乡创业创新人员累计超过 850 万人,其中,创办农村产业融合项目的占 80％,利用"互联网＋创业创新"的超过 50％。① 截至 2015 年底,全国农民工返乡创业人数累计超过 450 万,占返乡创业人数的 80％。② 2017 年,全国农民工返乡创业人数增长到 480 万③;2018 年,返乡创业总人数则增长到 740 万④。2020 年,返乡创业规模达 1010 万人。⑤ 农民工返乡创业人员在经历市场化浪潮后,将积累的资金、人力资本、技术、管理经验等带回家乡,将城市的市场经济思维直接嵌入乡村经济,活跃了农村经济,推动了农村产业布局调整升级。从产业发展角度来说,农民工返乡后,他们会将自身优势与当地资源禀赋相结合来创办企业,延伸了现代农业产业链,催生新型农业经营主体的出现。⑥

---

① 彭瑶.允许返乡下乡人员和当地农民合作改建自住房——借产业盘活农村最大隐性资产[N].经济日报,2020 - 09 - 12(04).

② 参见新华网:http://www. xinhuanet. com/politics/2016 - 07/22/c_129169617. htm。

③ 参见人民网:http://finance. people. com. cn/n1/2017/0823/c1004 - 29488654. html。

④ 参见中国政府网:http://www. gov. cn/xinwen/2020 - 12/30/content_5575414. htm。

⑤ 参见中国政府网:http://www. gov. cn/xinwen/2021 - 10/19/content_5643590. htm。

⑥ 联飞.新时期开展农民工返乡创业促进城乡融合发展刍议[J].江淮论坛,2021(3):141 - 146.

第二节　农业生产不断迈上新台阶

一、粮食产量逐步稳定在较高水平

改革开放以来,以家庭承包经营为基础、统分结合的双层经营体制建立并不断完善,农产品流通体制改革启动,农业税彻底取消,农业支持保护制度不断建立健全,激发和保护了广大农民的种粮积极性,农业科技不断取得新进展,促进粮食产量快速增长。2012年,我国粮食产量达到61225万吨,粮食综合生产能力跃上新台阶。党的十八大以来,以习近平同志为核心的党中央高度重视粮食生产,明确要求把中国人的饭碗牢牢端在自己手中[1],粮食播种面积基本稳定,推动"藏粮于地、藏粮于技"落实落地,粮食单产水平提高,粮食综合生产能力不断巩固提升。2019年,全国粮食总产量达66384万吨,比2018年增加594万吨,增长0.9%[2],达到2005—2019年的最高水平(见图2-3)。

---

① 参见国家统计局网站:http://www.stats.gov.cn/tjsj/zxfb/201908/t20190807_1689636.html。

② 参见国家统计局网:http://www.stats.gov.cn/tjsj/zxfb/201912/t20191206_1715827.html。

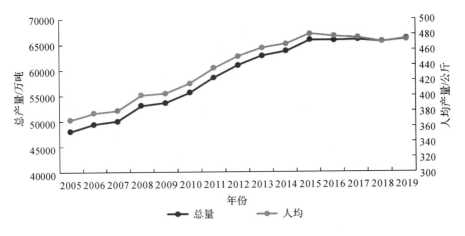

图 2-3　2005—2019 年全国粮食总产量和人均产量

二、农业生产结构不断优化

　　我国农业实现了由单一以种植业为主的传统农业向农、林、牧、渔业全面发展的现代农业转变。2018 年,农、林、牧、渔业总产值达113580 亿元,按可比价格计算,比 1952 年增长 17.2 倍,年均增长4.5％。从产值构成来看,1952 年,农业产值占农、林、牧、渔四业产值的比重为 85.9％,处于绝对主导地位,林、牧、渔业产值所占比重分别为 1.6％、11.2％和 1.3％。改革开放以来,林、牧、渔业全面发展。2018 年,农业产值占农、林、牧、渔业四业产值的比重为 57.1％,比1952 年下降 28.8 个百分点;林业占 5.0％,提高 3.4 个百分点;畜牧业占 26.6％,提高 15.4 个百分点;渔业占 11.3％,提高 10.0 个百分点。①

从林业内部来看，林业生产由单一以粮食作物种植为主向粮经饲协调发展的三元种植结构转变。农业供给侧结构性改革深入推进，2016—2018年大豆种植面积累计增加2000多万亩②，粮改饲面积达到1400多万亩。从畜牧业内部来看，畜牧业生产由单一的以生猪生产为主向猪牛羊禽多品种全面发展转变。猪肉产量占肉类总产量比重由1985年的85.9%下降到2018年的62.7%，牛肉、羊肉、禽肉产量占比由2.4%、3.1%、8.3%上升到7.5%、5.5%、23.1%。

渔业的发展也取得巨大成就。水产品产量由1949年的52.4万吨增长至2018年的6457.7万吨，我国成为全球最大的鱼类以及海产品生产国与出口国。渔业的发展为国人的食品消费结构从温饱型向营养健康型转变做出了重要贡献，人均水产品消费量由1952年的2.7千克上升到2017年的11.5千克，增长了3.3倍。渔业的产业地位也在不断提升。2017年渔业总产值高达11577.1亿元，在农、林、牧、渔业总产值中所占比例由1978年的1.6%显著提高至10.6%。③

与此同时，农产品品质显著提升，质量兴农、绿色兴农战略深入推进，农业绿色化、优质化、特色化、品牌化水平不断提高。2018年，全国农用化肥施用量（折纯量）为5653万吨，比2015年减少369万吨，下降6.1%。农药使用量为150万吨，比2015年减少28万吨，下降15.7%。秸秆综合利用率达到84%。优质强筋弱筋小麦面积占比为30%，节水小麦品种面积占比为20%。主要农作物良种覆盖率持

---

① 参见国家统计局网站：http://www.stats.gov.cn/tjsj/zxfb/201908/t201908_07_1689636.html。

② 1亩≈0.067公顷。

③ 操建华，桑霏儿.中国渔业70年：政策演变与绿色高质量发展[J].鄱阳湖学刊，2019(5)：40-46，125-126。

续保持在 96％以上。截至 2018 年底，我国无公害农产品、绿色食品、有机农产品和农产品地理标志产品总数达 12.2 万个。主要农产品监测合格率连续五年保持在 96％以上，2018 年总体合格率达到 97.5％，农产品质量安全保持稳中向好的态势。[①]

三、农业生产组织方式和模式发生重大变化

新型经营主体大量涌现，现代农业活力增强。国家着力培育各类新型农业生产经营主体和服务主体，农民合作社、家庭农场、龙头企业等的数量快速增加，规模日益扩大。2018 年，农业产业化龙头企业有 8.7 万家，在工商部门登记注册的农民合作社有 217 万个，家庭农场有 60 万个。新型职业农民队伍不断壮大，农民工、大中专毕业生、退役军人、科技人员等返乡下乡人员加入新型职业农民队伍。截至 2018 年底，各类返乡下乡创新创业人员累计达 780 万人。新型经营主体和新型职业农民在应用新技术、推广新品种、开拓新市场方面发挥了重要作用，正在成为引领现代农业发展的主力军。[②]

四、农业新模式快速发展

农村产业融合发展格局初步形成，农业和现代产业要素跨界配置，设施农业、观光休闲农业、农产品电商等新模式快速发展。2018

---

① 参见国家统计局网站：http://www.stats.gov.cn/tjsj/zxfb/2019 0807_1689636.html。

② 参见国家统计局网站：http://www.stats.gov.cn/tjsj/zxfb/2019 0807_1689636.html。

年底，全国农业设施达到 3000 多万个，设施农业占地面积近 4000 万亩。设施农业改变了农业生产的季节性，拓宽了农业生产的时空分布。2018 年，全国休闲农业和乡村休闲旅游业接待旅游游客约 30 亿人次，营业收入超过 8000 亿元。产业内涵由原来单纯的观光游，逐步拓展到民俗文化、农事节庆、科技创意等，促进休闲农业和乡村休闲旅游蓬勃发展。大数据、物联网、云计算、移动互联网等新一代信息技术向农业农村领域快速延伸，农产品电商方兴未艾。全国农业普查（简称农普）结果显示，全国有 25.1% 的村有电子商务配送站点。2018 年农产品网络销售额达 3000 亿元。[①]

第三节　乡村公共服务水平全面提升

一、乡村教育快速发展

党的十八大以来，国家大力支持农村教育，实施农村寄宿制学校建设、教育脱贫攻坚等重大工程。据教育部统计，截至 2019 年 3 月，全国 92.7% 的县实现义务教育基本均衡发展，更多农村孩子享受到更好、更公平的教育。同时，建立覆盖从学前到研究生教育的

---

① 参见国家统计局网站：http://www.stats.gov.cn/tjsj/zxfb/201908/t2019 0807_1689636.html。

全学段学生资助政策体系。农普结果显示,初中文化水平的农村居民占 42.5%,高中或中专文化水平的农村居民占 11.0%,大专及以上文化水平的农村居民占 3.9%,农村居民文化素质和文化水平明显提升。[①]

二、农村医疗服务体系不断完善

改革开放以来,农村医疗卫生服务体系建设不断加强,以县级医院为龙头、乡镇卫生院为枢纽、村卫生室为基础的农村医疗卫生服务网络加快形成,农村医疗卫生状况大为改观。2018 年,全国共有:乡镇卫生院 3.6 万个,床位 133 万张,卫生人员 139 万人;村卫生室 62.2 万个,人员达 144 万人。其中,执业(助理)医师 38.1 万人,注册护士 15.3 万人,乡村医生和卫生员 90.7 万人。[②]

党的十八大以来,农村医疗医保事业深入发展,各级财政对新型农村合作医疗制度的人均补助标准不断提高,于 2018 年达到 490 元。新型农村合作医疗制度政策范围内门诊和住院费用报销比例分别稳定在 50%、75% 左右,维持在较高水平。随着医疗服务体系完善和医疗保障水平提高,农村居民健康水平相比以往有了大幅提高,农村孕产妇死亡率从新中国成立初期的 1500/10 万下降到 2018 年的 19.9/10 万,农村婴儿死亡率从 200‰下降到 7.3‰。[③]

[①]　参见国家统计局网站:http://www.stats.gov.cn/tjsj/zxfb/20190807_1689636.html。

[②]　参见国家统计局网站:http://www.stats.gov.cn/tjsj/zxfb/20190807_1689636.html。

[③]　参见国家统计局网站:http://www.stats.gov.cn/tjsj/zxfb/20190807_1689636.html。

三、多层次养老服务体系加快形成

改革开放以来,我国在全国建立新型农村社会养老保险制度,实行社会统筹与个人账户相结合的制度模式,采取个人缴费、集体补助、政府补贴相结合的筹资方式。党的十八大以来,我国逐步提高农村养老服务能力和保障水平。2018 年,全国城乡居民基本养老保险基础养老金最低标准提高至每人每月 88 元。农普结果显示,56.4%的乡镇有本级政府创办的敬老院。我国加快构建以居家养老为基础、社区服务为依托、机构养老为补充的养老服务体系,满足老年人基本生活需求,提升老年人生活质量。我国城乡居民人均预期寿命已从新中国成立初期的 35 岁提高到 2018 年的 77 岁。①

四、乡村文化不断繁荣兴旺

改革开放以来,各级政府持续加大投入力度,构建覆盖城乡的公共文化服务体系,加快乡村文化设施建设,推进文化信息共享、农家书屋和农村电影放映等工程。党的十八大以来,农村思想道德建设不断加强,以社会主义核心价值观为引领,培育文明乡风、良好家风、淳朴民风,农村居民文化生活极大丰富,农村文化事业实现长足发展。农普结果显示,96.8%的乡镇有图书馆、文化站,11.9%的乡镇有剧场、影剧院,41.3%的村有农民业余文化组织。截至

---

① 参见国家统计局网站:http://www.stats.gov.cn/tjsj/zxfb/201908/t20190807_1689636.html。

2018 年底,全国共有农家书屋 58.7 万个,向广大农村配送图书超过 11 亿册。①

五、农村社会保障不断改善

改革开放以来,农村居民生活水平不断提高。针对病残、年老体弱、丧失劳动能力以及生存条件恶劣等造成生活困难的农村居民,国家建立农村最低生活保障(简称农村低保)制度。2007 年,农村低保年平均标准为 840 元/人,农村低保对象为 1609 万户、3566 万人。2018 年,农村低保年平均标准增加到 4833 元/人,比 2007 年增长 4.8 倍,年均增长 17.2%,农村低保对象为 1903 万户、3520 万人。②

与此同时,我国全面建立农村留守儿童关爱保护制度,帮助无人监护的农村留守儿童落实受委托监护责任人,让失学、辍学的农村留守儿童返校复学,农村居民基本生活的兜底保障网越织越牢。

另外,仅 2019 年,全国一般公共预算拟安排农林水支出约 2.2 万亿元,同比增长 7%③,2020 年这一数字超过 2.39 万亿元。④ 截至 2019 年底,我国涉农贷款余额为 35.19 万亿元,"十三五"期间这一数字年均增长率超过 6%⑤,而 2020 年我国涉农贷款余额同比增长更是

---

① 参见国家统计局网站:http://www.stats.gov.cn/tjsj/zxfb/201908/t20190807_1689636.html。

② 参见国家统计局网站:http://www.stats.gov.cn/tjsj/zxfb/201908/t20190807_1689636.html。

③ 参见中工网:http://news.workercn.cn/32842/201903/07/190307111326825.shtml。

④ 参见中国政府网:http://www.gov.cn/xinwen/2021-01/28/content_5583244.htm。

⑤ 参见中国人民银行网站:http://www.pbc.gov.cn/goutongjiaoliu/113456/113469/3965314/index.html。

达到 10.7%①。

六、农村生态环境治理取得重大进展

党的十八大以来，以习近平同志为核心的党中央把生态文明建设作为统筹推进"五位一体"总体布局和协调推进"四个全面"战略布局的重要内容，将其上升到国家发展战略层面。在农业农村生态环境保护方面，农村环境整治深入推进，农村饮用水安全保障能力不断提升。化肥、农药使用量实现负增长，剧毒、高毒农药全面禁止施用，农业废弃物资源化利用水平全面提升，养殖业污染治理水平稳步提高，土地污染和地下水污染得到有效遏制，农业面源污染治理水平、农村生态环境保护水平不断提高。农村人居环境显著改善，生态文明理念深入人心，农村居民环保意识显著加强，污染防治和生态执法力度持续加大，生态环境防治相关法规制度建设卓有成效，农村环境质量全面改善。

2018年5月召开的全国生态环境保护大会，开启了生态环境保护工作的新纪元。习近平总书记在会议上明确提出加强生态文明建设的六条重要原则，习总书记指出："新时代推进生态文明建设，必须坚持好以下原则。一是坚持人与自然和谐共生，坚持节约优先、保护优先、自然恢复为主的方针，像保护眼睛一样保护生态环境，像对待生命一样对待生态环境，让自然生态美景永驻人间，还自然以宁静、和谐、美丽。二是绿水青山就是金山银山，贯彻创新、协调、绿色、开放、共享的发展理念，加快形成节约资源和保护环境的空间格局、产

---

① 参见中国政府网：http://www.gov.cn/xinwen/2021-02/17/content_5587373.htm。

业结构、生产方式、生活方式,给自然生态留下休养生息的时间和空间。三是良好生态环境是最普惠的民生福祉,坚持生态惠民、生态利民、生态为民,重点解决损害群众健康的突出环境问题,不断满足人民日益增长的优美生态环境需要。四是山水林田湖草是生命共同体,要统筹兼顾、整体施策、多措并举,全方位、全地域、全过程开展生态文明建设。五是用最严格制度最严密法治保护生态环境,加快制度创新,强化制度执行,让制度成为刚性的约束和不可触碰的高压线。六是共谋全球生态文明建设,深度参与全球环境治理,形成世界环境保护和可持续发展的解决方案,引导应对气候变化国际合作。"[1]习近平总书记提出的这六条重要原则是我国在新时代进行生态文明建设的根本遵循,也是我国城乡生态环境融合建设路径选择的根本指南。

第四节　农村土地改革取得重要进展

细碎化、分散化的小规模经营必然存在着效率损失,土地流转和规模经营有利于土地资源优化配置和农业劳动生产率持续提升。近年来,国家土地承包经营权流转和土地规模经营的政策不断完善,在强调农地经营承包权稳定和保护的同时,也逐渐满足土地适度规模经营的现实需求,为农业结构变革创造了条件。近年来,以土地流转

---

①　参见中国政府网:http://www.gov.cn/xinwen/2018 - 05/19/content _ 52921 16.htm。

为核心的农村产权改革实践取得了较大成果，专业大户、家庭农场、农民专业合作社等不断涌现，为农业现代化提供了多形态的新型主体，多种形式的适度规模经营持续开展。

党的十八大以来，我国巩固和完善农村基本经营制度，深化农村土地制度改革，完善承包地"三权"分置制度，加快发展多种形式规模经营，农业生产组织方式发生深刻变革。2018 年，全国家庭承包耕地流转面积超过 5.3 亿亩。农村土地流转助推农业规模化发展。2016年的农普结果显示：我国耕地规模化耕种面积占全部实际耕地耕种面积的比重为 28.6%；规模化生猪养殖存栏占比为 62.9%，规模化家禽养殖存栏占比达到 73.9%。适度规模经营加快发展，不仅有利于稳定农业生产、提高劳动生产率，而且有利于提高农业的集约化、专业化、组织化、社会化水平。[1]

一、农村承包地权能更加完备

农业农村部统计数据显示，截至 2020 年 11 月，全国共有 2838 个县（市、区）开展了农村承包地确权登记颁证工作，涉及农户 2 亿多户，确权到农户的承包地有约 15 亿亩，农村承包地确权登记颁证工作基本完成。[2] 此外，全国有 1239 个县（市、区）、18731 个乡镇建立农村土地经营权流转服务中心，全国家庭承包耕地流转面积超过 5.55 亿亩[3]，比 2012 年底翻一番。

---

① 参见国家统计局网站：http://www. stats. gov. cn/tjsj/zxfb/201908/t2019 0807_1689636.html。

② 参见中国政府网：http://www. gov. cn/xinwen/2020 - 11/03/content_ 5556833. htm。

③ 参见农业农村部网站：http://www. moa. gov. cn/govpublic/zcggs/202011/ t20201118_6356445. htm。

二、农村宅基地权能更加清晰

农村宅基地权能改革试点稳步推进。2015—2020 年,北京市大兴区、天津市蓟县、浙江省义乌市等全国 33 个县(市、区)开展农村宅基地制度改革试点。截至 2019 年 10 月底,试点地区共腾退出零星、闲置的宅基地约 26 万户、14.5 万亩,办理农房抵押贷款 8.1 万宗,共 201 亿元。[①]

在此过程中,各试点地区探索出许多特色新路。例如:安徽省金寨县在全国 33 个农村土地制度改革试点县中率先建设农村土地改革动态管理信息系统,有效实现土地制度改革全流程的可追溯、可查询;浙江省德清县允许农户将一定年限的宅基地使用权出租,用于发展民宿、养老、科研、创意文化等产业;江苏省常州市武进区通过《农房(宅基地)租赁备案通知书》的形式,在不动产登记证书上注明宅基地资格权、使用权租赁人、房屋租赁期限和宅基地租赁使用期限,放活农房使用权和宅基地使用权;江苏省昆山市鼓励有一定经济实力的农村集体经济组织与相关机构合作,对闲置宅基地和农房进行统一收储利用。

三、农村集体经营性建设用地权利的金融价值进一步凸显

自 2014 年 12 月,中共中央办公厅、国务院办公厅印发《关于农村土地征收、集体经营性建设用地入市、宅基地制度改革试点工作的意

---

①　参见农业农村部网站:http://www.moa.gov.cn/govpublic/FZJHS/202011/t20201117_6356418.htm。

见》,确定分两批在全国 33 个县(市、区)进行集体经营性建设用地改革试点以来,各试点工作加速推进。国务院提请十三届全国人大常委会第七次会议审议的《关于农村土地征收、集体经营性建设用地入市、宅基地制度改革试点情况的总结报告》显示:截至 2018 年 12 月,全国集体经营性建设用地入市的地块超过 1 万宗,面积达 9 万多亩,总价款约 257 亿元,为国家增收 28.6 亿元调节金;集体经营性建设用地抵押贷款达 228 宗,贷款金额达 38.6 亿元。① 到 2019 年 10 月底,上述指标数值进一步提升,33 个试点县(市、区)集体经营性建设用地已入市地块达 12644 宗,面积达 12.5 万多亩,总价款约 476.6 亿元,收取调节金 50.4 亿元,办理集体经营性建设用地抵押贷款 687 宗、85.2 亿元。②

第五节　城乡二元制度开始松动

一、农村劳动力转移的户籍限制逐步放开

2019 年 12 月,中共中央办公厅、国务院办公厅印发了《关于促进

---

① 参见中国人大网:http://www.npc.gov.cn/npc/c12491/201812/3821c5a89c4a4a9d8cd10e8e2653bdde.shtml。

② 自然资源部.对十三届全国人大三次会议第 1318 号建议的答复[EB/OL].(2020 – 09 – 08).http://gi.mnr.gov.cn/202010/t20201001_2563314.html.

劳动力和人才社会性流动体制机制改革的意见》，明确要求"全面取消城区常住人口 300 万以下的城市落户限制，全面放宽城区常住人口 300 万至 500 万的大城市落户条件"，同时，"完善城区常住人口 500 万以上的超大特大城市积分落户政策，精简积分项目，确保社会保险缴纳年限和居住年限分数占主要比例"。随后，无锡、福州、沈阳等城市均取消落户限制。2020 年 12 月 30 日，山东省人民政府办公厅发布《关于进一步深化户籍管理制度改革 促进城乡融合区域协调发展的通知》，明确"依法维护进城落户农村人口的土地承包权、宅基地使用权、集体收益分配权"①，这是对自然资源部提出的不得把放弃宅基地使用权作为农民进城落户条件的进一步落实。

二、农村居民养老保险制度逐步建立

　　城乡二元结构开始松动的另一个表现是城乡统一的居民养老保险制度的建立，其把实现城乡基本公共服务均等配置往前推进了一大步。截至 2012 年底，我国已经通过分别设立新型农村社会养老保险和城镇居民社会养老保险制度，基本实现了养老保险制度的全覆盖。然而，这种全覆盖下的养老保险制度依然存在着城乡有别、待遇不同、无法衔接等问题。为了消除新型农村社会养老保险和城镇居民社会养老保险的差异，实现城乡居民社会保障权利的平等，2014 年 2 月，国务院决定将这两项制度合并实施，在全国范围内建立统一的城乡居民基本养老保险制度。统一的城乡居民基本养老保险制度的建立，意味着城乡居民的养老保险账户将跨越二元户籍的障碍，实现无缝对接。这

---

　　①　参见山东省人民政府网站：http:// www. shandong. gov. cn/art/2020/12/31/art_107851_110021. html。

有利于促进社会公平，缩小城乡差距，保障流动人口的权益。

三、农村基层治理不断完善

乡村治理是推进国家治理体系和治理能力现代化的重要方面。近年来，党和国家不断强化基层党组织、基层社区治理建设，初步建立自治、法治、德治相结合的乡村治理体系。2019 年 6 月，中共中央办公厅、国务院办公厅印发了《关于加强和改进乡村治理的指导意见》；2019 年 9 月，《中国共产党农村工作条例》全文发布。这些都为进一步健全现代乡村社会治理体制指明了方向。部分地区通过将乡、村等农村建制融入镇、居等城市辖区范围，实现了农村管理主导向城市管理主导的建制功能转变。

第三章

城乡融合发展的格局

在新时代，我国社会主要矛盾已经转化为人民日益增长的美好生活需要和不平衡不充分的发展之间的矛盾。我国发展最大的不平衡是城乡发展不平衡，最大的不充分是农村发展不充分。本章基于城市层面统计数据，全面分析了我国城乡融合发展的现状格局，发现我国城乡融合发展现状呈金字塔形、层次性、梯度性分布，但区域内城市发展差距趋向收敛。考虑到我国城市的发展历史和所处的发展阶段，在 287 个内陆城市中，大多数城市的城乡融合发展水平较低。基于城乡人均支出比这一表征城乡融合发展的关键指标进行分析发现：整体上，我国城市不仅在城市内部存在城乡消费支出差距，城市相互之间也存在显著的消费支出差距，三、四线城市落后于一、二线城市。进一步，基于国内外城乡融合发展相关文献和对我国城乡融合发展的现实观察，本章将我国城乡融合发展细分为四个阶段：城乡分离发展阶段、城乡互动发展阶段、城乡统筹发展阶段和城乡融合发展阶段。量化的分析研究表明，我国城乡融合发展正由城乡互动发展向城乡统筹发展阶段转换。

第一节　城乡融合发展的现状

一、数据来源及处理

根据指标最小化原则,在数据可得的情况下,本章选取的我国城市城乡融合发展评价指标主要包括:城乡人均收入比、人均教育支出比(全市/市辖区)、每百人公共图书馆藏书量比(全市/市辖区)、每万人拥有医生数比、每千人国际互联网用户数比、城乡人均道路比。数据来源如果没有特别说明,主要来自中国社会科学院城市与竞争力研究中心数据库。

由于城乡融合发展各项指标原始数据的衡量单位存在差异,因此需要对所有指标数据进行无量纲化处理,再进行综合集成。本章首先对各指标进行无量纲化处理,然后用等权法加权求得综合的指标值。标准化计算公式为:

$$X_i = \frac{(x_i - \bar{x})}{Q^2}。$$

其中,x_i 为原始数据,$\bar{x}$ 为平均值,Q^2 为方差,X_i 为标准化后数据。

指数法的计算公式为:

$$X_i = \frac{x_i}{x_{0i}}。$$

其中，x_i 为原始值，x_{0i} 为最大值，X_i 为指数。

阈值法的计算公式为：

$$X_i = \frac{(x_i - x_{\min})}{(x_{\max} - x_{\min})}。$$

其中，X_i 为转换后的值，x_i 为原始值，$x_{\min}$ 为样本最小值，$x_{\max}$ 为样本最大值。

二、我国城市城乡融合发展现状

通过对我国 289 个地级及以上城市①进行仔细测度和细致分析，

---

① 289 个城市包括：北京、天津、石家庄、唐山、秦皇岛、邯郸、邢台、保定、张家口、承德、沧州、廊坊、衡水、太原、大同、阳泉、长治、晋城、朔州、晋中、运城、忻州、临汾、吕梁、呼和浩特、包头、乌海、赤峰、通辽、鄂尔多斯、呼伦贝尔、巴彦淖尔、乌兰察布、沈阳、大连、鞍山、抚顺、本溪、丹东、锦州、营口、阜新、辽阳、盘锦、铁岭、朝阳、葫芦岛、长春、吉林、四平、辽源、通化、白山、松原、白城、哈尔滨、齐齐哈尔、鸡西、鹤岗、双鸭山、大庆、伊春、佳木斯、七台河、牡丹江、黑河、绥化、上海、南京、无锡、徐州、常州、苏州、南通、连云港、淮安、盐城、扬州、镇江、泰州、宿迁、杭州、宁波、温州、嘉兴、湖州、绍兴、金华、衢州、舟山、台州、丽水、合肥、芜湖、蚌埠、淮南、马鞍山、淮北、铜陵、安庆、黄山、滁州、阜阳、宿州、六安、亳州、池州、宣城、福州、厦门、莆田、三明、泉州、漳州、南平、龙岩、宁德、南昌、景德镇、萍乡、九江、新余、鹰潭、赣州、吉安、宜春、抚州、上饶、济南、青岛、淄博、枣庄、东营、烟台、潍坊、济宁、泰安、威海、日照、莱芜、临沂、德州、聊城、滨州、菏泽、郑州、开封、洛阳、平顶山、安阳、鹤壁、新乡、焦作、濮阳、许昌、漯河、三门峡、南阳、商丘、信阳、周口、驻马店、武汉、黄石、十堰、宜昌、襄阳、鄂州、荆门、孝感、荆州、黄冈、咸宁、随州、长沙、株洲、湘潭、衡阳、邵阳、岳阳、常德、张家界、益阳、郴州、永州、怀化、娄底、广州、韶关、深圳、珠海、汕头、佛山、江门、湛江、茂名、肇庆、惠州、梅州、汕尾、河源、阳江、清远、东莞、中山、潮州、揭阳、云浮、南宁、柳州、桂林、梧州、北海、防城港、钦州、贵港、玉林、百色、贺州、河池、来宾、崇左、海口、三亚、重庆、成都、自贡、攀枝花、泸州、德阳、绵阳、广元、遂宁、内江、乐山、南充、眉山、宜宾、广安、达州、雅安、巴中、资阳、贵阳、六盘水、遵义、安顺、毕节、铜仁、昆明、曲靖、玉溪、保山、昭通、丽江、普洱、临沧、西安、铜川、宝鸡、咸阳、渭南、延安、汉中、榆林、安康、商洛、兰州、嘉峪关、金昌、白银、天水、武威、张掖、平凉、酒泉、庆阳、定西、陇南、西宁、银川、石嘴山、吴忠、固原、中卫、乌鲁木齐、克拉玛依等 287 个内地城市，以及香港和澳门。

本章发现:我国城市城乡融合发展一直在稳步推进,但在城市间呈现极度的不平衡。

1.总体态势:城乡融合发展呈金字塔形分布

全国289个城市的城乡融合发展指数平均得分为0.2680,其中内陆城市的平均得分为0.2629,均值和0.5差距太大,这主要源于我国城市发展的历史和所处的发展阶段。在287个内地城市中,大多数城市的城乡融合发展水平较低。

我国城市城乡融合发展指数得分不高,289个城市得分均值为0.2680,高于中位数。我国城市城乡融合发展指数得分的核密度分析表明,与正态分布相比,我国城市城乡融合发展指数得分分布偏左,且波峰更高,这是由于排在前面的城市表现优异,拉高了整体均值,城市之间差距较大。图3-1的长尾向右侧微微延伸,表明我国大多数城市的城乡融合发展指数处于中下水平。

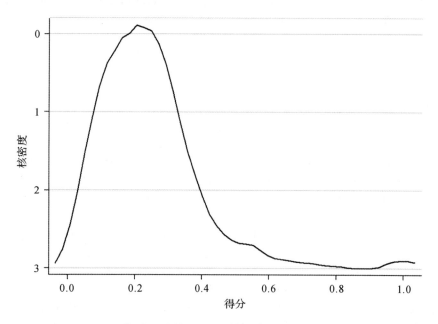

图 3-1 城乡融合发展指数得分核密度

从城市等级的角度来看,4 个一线城市的得分均值最高,为0.7963,31 个二线城市得分均值为 0.4700,57 个三线城市平均得分为 0.3252,194 个四线城市平均得分为 0.1978——城乡融合发展程度与城市等级之间呈现显著的相关性和层次性(见表 3-1)。176 个内陆城市位于均值以下,111 个内陆城市位于均值以上,说明我国城市城乡融合发展呈金字塔形分布。这可能是因为:一线城市以大城市集聚区为主,中心城区具备了反哺农业、农村、农民的经济实力和辐射带动城乡一体化发展的能力;二线城市出现了主城区主导的核心区和城市外围边缘区之间的割裂;三线城市本身的中心相对分散,影响力相对较弱,无法为城乡融合发展提供足够的支撑。

表 3-1　不同城市城乡融合发展指数得分均值

项目	全国城市	内陆城市	一线城市	二线城市	三线城市	四线城市
均值	0.2680	0.2629	0.7963	0.4700	0.3252	0.1978

同时,部分城市表现突出。部分东南沿海城市和大城市率先实践,奋力突破城乡二元结构瓶颈,在城乡融合方面有较好表现,并呈现出极强的竞争力。如果以港澳作为标杆,内地部分东南沿海城市、主要大城市与港澳的差距已经比较小。

2.基本格局:区域间城乡融合发展呈现梯度,城市间分化严重

从区域来看,城乡融合发展指数呈东、中、西和南北梯度分布,区域间分化严重。得分排名前 15 名的城市中除北京位于环渤海区域,乌鲁木齐和克拉玛依位于西北地区,其他全部来自东南地区。东南地区城市平均得分为 0.4021,西南地区城市的平均得分最低,均值为0.1515。东、中、西部城市在城乡融合发展方面差距明显,南北城市在

城乡融合发展方面的差距也非常突出(见表 3-2)。

表 3-2 我国城市城乡融合发展指数得分区域比较

地区 (城市数)	1—50 名	51— 100 名	101— 150 名	151— 200 名	201— 250 名	251— 287 名	城乡融合 发展指数 得分均值
东北(34)	3	14	10	4	2	1	0.2914
环渤海(30)	8	7	5	8	2	0	0.3280
西北(39)	7	5	5	2	13	7	0.2415
中部(80)	4	11	13	21	20	11	0.2093
西南(49)	1	5	5	6	12	20	0.1515
东南(55)	25	8	12	9	1	0	0.4021
内地(287)	48	50	50	50	50	39	0.2629

从各个城市来看,城市间分化严重。排名前 10 名的城市得分均值为 0.7669,排名后 10 名的城市城乡融合发展得分均值为 0.0353,排名前 10 名的城市得分是排名后 10 名城市的 21 倍多;排名前 50 名的城市得分均值为 0.5354,排名前 100 名的城市平均得分为 0.4316,而排名 250 名以后的城市得分均值为 0.0769,说明城市之间在城乡融合发展方面存在很大差异(见表 3-3)。

表 3-3　不同城市得分均值

项目	排名前 10 名城市	排名前 50 名城市	排名前 100 名城市	排名 250 名以后的城市
均值	0.7669	0.5354	0.4316	0.0769

第二节　基于城乡人均支出比的分析

消费水平的提升体现了人们美好生活的实现程度和社会福利的提升程度,消费能够真实地反映城乡居民实际得到的福利和实际效用。[①] 城乡消费差距是衡量城乡差距最为理想的指标,也是实现共同富裕的应有之义。

一、城乡人均支出比的成因

城乡人均支出比可以反映城乡二元消费结构问题,城乡人均支出比集中体现了城乡居民的生活、福利差距。城镇居民的消费已经呈现发展型和享受型倾向,而农村居民的生存型消费比重依然很高。其背后的根本原因是城乡收入差距,集中表现为城市与农村区域的差距。如果进一步考虑城乡间社会公共品供给在数量、质量、品种和

———————

① 林毅夫,陈斌开.重工业优先发展战略与城乡消费不平等——来自中国的证据[J].浙江社会科学,2009(4):10-16,125.

属性等方面的差异，将城市居民享受的住房、医疗、教育、交通及公共服务计算在内，则城乡居民的实际福利差距会更大。从 2016 年 287 个城市的城乡人均支出比和城乡融合竞争力指数的相关性来看，Pearson 相关系数达到了 0.7892（$p=0.0000$），说明两者之间存在非常强的相关关系。

城乡人均支出比反映了城乡居民收入的真实差距。尽管近几年农村居民人均可支配收入增速超过城镇居民人均可支配收入，由于城乡居民的收入及其增长的不平衡性，城镇居民的人均可支配收入一直高于农村居民的人均可支配收入。国家统计局数据显示，2020 年，全国居民人均消费支出为 21210 元，比上年名义下降 1.6%，扣除价格因素，实际下降 4.0%。其中：城镇居民人均消费支出为 27007 元，下降 3.8%，扣除价格因素，实际下降 6.0%；农村居民人均消费支出为 13713 元，增长 2.9%，扣除价格因素，实际下降 0.1%。[①] 人均可支配收入较低的现实从根本上限制了农村居民消费支出能力的提升，使得城乡人均支出比保持在高位。

城乡人均支出比也反映了城乡社会保障和公共服务等方面的差距。出于历史原因，城镇居民在社会保障和公共服务方面的受益远远多于农村居民，农村居民享受到的社会福利远远少于城镇居民。所以，即使在收入水平相当的情况下，由于城乡社会保障和公共服务等方面的差距，农村居民在考虑教育、医疗、住房和养老等方面未来的支出时，其预期的未来消费支出远大于城镇居民，农村居民必然减少即期消费支出并且增加储蓄，使得城乡人均支出比更大。

城乡人均支出比也说明城乡居民所处的消费环境差别大。城乡居民在消费的物质基础条件方面也存在很大的差距，在电力网络、通

---

① 参见国家统计局网站：http://www.stats.gov.cn/tjsj/zxfb/202102/t20210 227_181 4154.html。

信网络、道路网络、零售网点和售后服务网点等方面,农村的消费环境相对于城镇而言要差很多,商品的售后服务网点也主要集中在城镇,农村居民在消费同样的商品或服务时,可能要支付更多的渠道费用或更高的购买价格。城乡居民在精神意识消费环境方面也存在差距,信贷消费主要针对城镇居民,城镇居民在消费维权意识、维权知识和维权渠道等方面具备更多的优势,这些都限制了城乡收入比的减小。

二、整体状况:整体得分较低且多数城市位于均值以下,城乡人均支出差额大的城市多为发达城市

整体上看,我国城市城乡人均支出比得分处于较低水平,均值为0.1545;各个城市之间差距较大,位于平均值以下的城市为180个,也就是只有107个城市位于平均值以上。

如表3-4所示,2016年我国城市城乡人均支出比得分均值为0.1545,标准差为0.1452,城市城乡人均支出比得分水平整体较低,城市间差异较大。其中,有180个城市位于我国城市城乡人均支出比得分均值以下,仅有107个城市位于均值之上,且城乡人均支出比得分均值远低于中位数0.1204。数据表明,我国城市城乡人均支出比得分除少部分城市表现较好外,多数城市城乡人均支出比得分较低,呈金字塔形分布。一般认为,橄榄型是理想的稳定状态。假定理想的城乡人均支出比分布也是橄榄型,即呈现"中间大,两头小"的分布形状,那么现实情况说明我国城市城乡人均支出比的优化仍任重道远。

表 3-4　2016 年我国城市城乡人均支出比得分

变量	样本数	平均值	标准差	最小值	最大值	位于平均值以下城市数量	中位数
城乡人均支出比指数	287	0.1545	0.1452	0	0.8155	180	0.1204

2016 年,城乡人均支出差额最大的 10 座城市为广州、包头、鄂尔多斯、东莞、厦门、佛山、上海、惠州、珠海、烟台(见表 3-5),与2015 年相比,广州、东莞、厦门、佛山、珠海等城市依旧榜上有名。10 座城市的城乡支出差额均值为 16029 元,可以看出较高水平的差距。其农村居民人均支出达 10329 元,城市人均支出达 26358元。同年,全国居民的城乡收入差距为 8617 元,其中农民居民人均支出为 6791 元,城市人均支出为 15409 元。

表 3-5　2015 年、2016 年城乡人均支出差额最大的 10 座城市　　单位:元

年份	广州	呼和浩特	东莞	厦门	佛山	长春	通辽	西安	沈阳	珠海
2015	21469	16251	16248	15636	15615	15131	15101	15068	15056	14715
年份	广州	包头	鄂尔多斯	东莞	厦门	佛山	上海	惠州	珠海	烟台
2016	19525	14706	17096	15180	14770	14706	14157	13993	13984	13712

三、区域表现:东南最好,西北最弱

从城乡人均支出比得分排名前 10 名的城市来看,东南地区表现最好。除排名第 10 名的北京位于环渤海地区,其他城市均位于东南地区,分别为深圳、东莞、苏州、杭州、无锡、嘉兴、舟山、宁波、常州、北京(见图 3-2)。

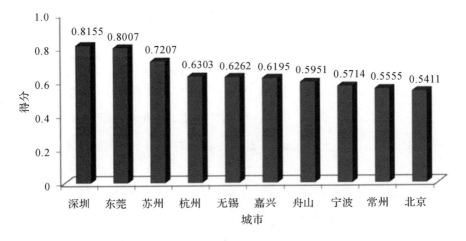

图 3-2 城乡人均支出比得分排名前 10 名的城市

从各区域的城乡人均支出比得分来看,东南地区城市得分最高,平均为 0.3368,西南地区得分最低,平均为 0.0746(见图 3-3)。

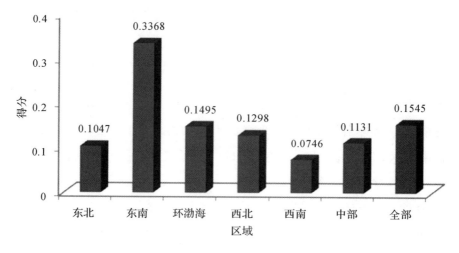

图 3-3　分区域城乡人均支出比得分

　　在 2016 年城乡人均支出比得分排名前 50 名的城市中，东南地区占据了 31 席，超过了 60%，而在排名 150 名以后的城市中，则看不到东南地区城市的影子。在排名 250 名以后的城市中，西南地区占据了 12 席，占比为 32.43%。在排名前 50 名的城市中，看不到东北城市的踪影，说明东北地区城市表现不佳（见表 3-6）。

表 3-6　2016 年我国城市城乡人均支出比得分排名区域比较

地区 （城市数）	第1— 50 名	第51— 100 名	第101— 150 名	第151— 200 名	第201— 250 名	第251— 287 名
东北（34）	0	8	6	12	4	4
环渤海（30）	5	5	5	4	9	2
西北（39）	6	9	5	4	7	8
中部（80）	6	10	22	13	18	11

续表

地区 (城市数)	第1— 50名	第51— 100名	第101— 150名	第151— 200名	第201— 250名	第251— 287名
西南(49)	2	2	4	17	12	12
东南(55)	31	16	8	0	0	0
全国(287)	50	50	50	50	50	37

从变异系数来看,东南城市间城乡人均支出比差距最小,而环渤海地区城市间的城乡人均支出比差异最大(见表3-7)。

表3-7 分区域城乡人均支出比得分的统计变量

统计变量	东北	东南	环渤海	西北	西南	中部
均值	0.1047	0.3369	0.1495	0.1298	0.0746	0.1131
方差	0.0624	0.1866	0.1292	0.1042	0.0607	0.0842
变异系数	0.5957	0.5538	0.8644	0.8027	0.8144	0.7445

从城乡人均支出的具体值来看:东南地区的城镇居民人均消费支出最多,为20424.22元/年,然后是环渤海地区,为16783.93元/年,西南地区最少,为14697.16元/年;东南地区的农村居民人均消费支出最多,为10269.20元/年,然后是中部地区,为6340.18元/年,西南地区最少,为5681.07元/年(见表3-8)。

表 3-8 分区域的城乡人均支出情况

区域	城/乡	均值/ （元/年）	最大值/ （元/年）	最小值/ （元/年）	样本数
东北	城	15822.53	23516	11376	34
	乡	6399.05	8871	3279	34
东南	城	20424.22	33251	12232	55
	乡	10269.20	26728	6595	55
环渤海	城	16783.93	22771	11010	30
	乡	7097.53	13085	4224	30
西北	城	15857.87	25248	8818	39
	乡	6966.85	12980	4123	39
西南	城	14697.16	20243	10696	49
	乡	5681.07	8481	3899	49
中部	城	14783.73	22369	10433	80
	乡	6340.18	11586	3795	80
全国	城	16327.99	33251	8818	287
	乡	7175.89	26728	3279	287

四、按省份：北京、上海、天津表现最好

　　分省份来看，城乡人均支出比得分从高到低依次为北京、上海、天津、浙江、江苏、广东、新疆、福建、青海、内蒙古、湖南、宁夏、湖北、山东、辽宁、河北、河南、山西、甘肃、黑龙江、吉林、陕西、云南、贵州、广西、四川、安徽、江西、海南、重庆（见图 3-4）。[①]

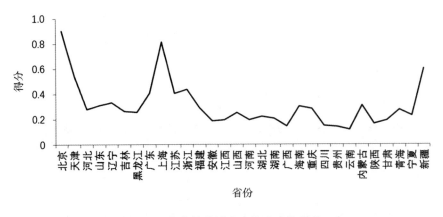

图 3-4　分省份的城乡人均支出比得分

　　从变异系数来看，区域内差距最大的省份分别为云南、甘肃和海南，区域内最为均衡的省份为福建、湖北和广西（见图 3-5）。[②]

---

① 不含西藏。
② 不含西藏、北京、上海、重庆、天津、青海、香港、澳门和台湾。

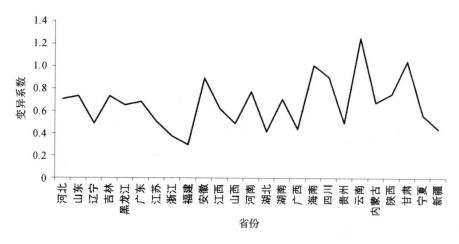

图 3-5　分省份城乡支出比得分的变异系数

五、按行政级别：城乡人均支出比得分与城市级别关联度高

从城市行政级别上看该项指标，可以发现城乡人均支出比得分与城市级别有较高的关联度。城市行政级别越高，则其城乡人均支出比得分越高。具体来看，直辖市的城乡人均支出比得分均值为0.3730，副省级城市的城乡人均支出比得分均值为0.2969，一线城市的城乡人均支出比得分均值为0.4920，二线城市的城乡人均支出比得分均值为0.2869，三线城市的城乡人均支出比得分均值为0.2143，而占我国城市主体的四线城市城乡人均支出比得分均值仅为0.1070（见表3-9）。

表 3-9　按行政级别分类的城市的城乡人均支出比得分

项目	直辖市	副省级城市	一线城市	二线城市	三线城市	四线城市
得分均值	0.3730	0.2969	0.4920	0.2869	0.2143	0.1070
城镇人均消费支出/（元/年）	21862	23719	15107	9647	8127	6262
农村人均消费支出/（元/年）	10534	10982	26569	21639	18074	14702

六、小结

第一，城乡支出呈现区域不均衡。整体上，我国城市不仅在城市内部存在城乡消费支出差距，城市相互之间也存在显著的消费支出差距。相比于一、二线城市，三、四线城市由于经济总量较小，城镇产业体系不健全，城镇自身集聚和扩散能力较弱，经济发展缺乏内在活力和带动农村区域发展的能力，农村区域农业现代化水平较低，农村主体能力滞后，农业生产率严重滞后于非农产业生产率，其城乡消费支出比得分落后于一、二线城市。

第二，城乡支出差距的焦点是农民支出水平较低。进一步，农民支出水平较低是由于农民的收入水平较低。我国农村居民收入结构单一，主要以农业收入为主，财产性收入较少；城镇居民则有多种收入来源，收入水平远远高于农村。同时，由于集聚效应的存在，优势发展资源向城镇单向集中，生产要素更多呈现从农村向城镇的流动。因此，我国的城乡收入差距更多的是一系列城乡分割政策倾斜的结果，是城乡二元经济结构的产物和最集中表征。因此，增加农民收入需要一系列政策的调整与协同。提高农民消费水平、增加农民收入是未来城乡融合发展的重点和难点。

第三节　我国城乡融合发展所处的方位

自改革开放以来，我国城乡经济社会不断发展，城乡交换关系逐步改善，城乡分割开始松动。基于对城乡关系变化态势的现实评估以及可持续发展观的内在要求，国家"十五"计划在城乡关系协调方面提出将"增加农民收入放在经济工作的突出位置"。党的十六大明确提出统筹城乡经济社会发展的方略；党的十七大进一步提出形成城乡经济社会发展一体化新格局，党的十七届三中全会提出了至 2020 年基本建立城乡经济社会发展一体化体制机制的改革目标，标志着我国城乡关系进入了一个划时代的新阶段；党的十八届三中全会提出"形成以工促农、以城带乡、工农互惠、城乡一体的新型工农城乡关系，让广大农民平等参与现代化进程、共同分享现代化成果"，意味着我国城乡关系建设站在了更高的历史起点；党的十九大提出乡村振兴战略，并将"城乡融合发展"写入党的文献。2017 年，国家明确新发展阶段"坚持农业农村优先发展"，把农业农村工作摆在党和国家工作全局的优先位置；提出"乡村振兴"重大战略，要求"按照产业兴旺、生态宜居、乡风文明、治理有效、生活富裕的总要求"，加快推进农业农村现代化。

一、城乡融合发展的阶段划分

由于城镇与乡村区域的差异性和互补性,随着工业化的不断推进和城镇化的逐步发展,城乡关系呈现不断演变和重构的特征。在工业化和城镇化初期,城乡区域在产业构成、生产方式、生活方式、社会组织形式等方面存在巨大差异,城乡关系呈现分离状态。随着生产力的发展,城镇体系不断扩大,非农产业规模不断扩张,农村对城镇、农业对非农产业的依赖开始与日俱增,农村越来越依赖于城镇的市场、基础设施和公共服务。城镇区域和非农产业的进一步发展对农业、农村区域的发展提出了更高的要求,农业、农村区域发展空间开始拓展,发展环境开始改善,城乡良性循环的基础开始形成,城乡关系因双方相互依赖而变得更加复杂。这要求我们在城乡互动形成的基础上,把城乡作为一个整体来统筹城乡的发展。随着城乡之间在经济、社会、文化、生态等方面协调发展的不断演进,城乡之间资源和生产要素日益实现自由流动与合理配置,农村区域在生产力水平、经营方式、收入水平与收入结构、生活方式、社会管理等方面与城镇区域逐渐接近、趋向同一,城乡正逐步成为一体化发展的有机整体。

不同学者对城乡融合发展的阶段划分不尽相同,但均表明城乡融合发展客观存在阶段性。完世伟把新中国成立以来的城乡关系分为五个阶段:新中国成立初期(1949—1957年)的从旧中国城乡关系向新型城乡关系过渡阶段、计划经济时期(1958—1978年)的城乡关系形成和曲折发展阶段、改革开放初期(1979—1985年)的城乡关系调整阶段、改革深化阶段(1986—2003年)、2004年以来城乡关系的历史性转折阶段。① 郑国和叶裕民通过对城市层面的研究,将其分为城乡融合阶段、城乡分离后期、城乡分离前期、乡育城市后期。② 白志礼和欧阳敏认为,我国的城乡关系可分为城乡合一、城乡分离、城乡对立、城乡交融和城乡一体化五个阶段③。杨榕和谢志强的研究将城乡关系分为统筹发展初期、统筹发展中期、统筹发展后期和全面统筹发展阶段。④ 本书在借鉴国内外相关研究成果以及我国城乡一体化发展实践的基础上,将改革开放后我国城乡一体化发展细分为四个阶段。

1. 城乡分离发展阶段

在这一阶段,城乡在经济、社会等方面基本处于相互隔离状态,虽然在某些方面部分呈现低水平的相互联系。区域城镇化率较低,城镇产业体系不健全,缺乏内在活力和带动农村区域发展的能力。区域农业现代化水平较低,农业生产率严重滞后于非农产业生产率,生产要素呈现从农村向城镇的单向流动。城乡收入差距不断扩大,农村在公共产品供给、基础设施等方面与城镇的差距不断拉大。城镇和农村区域主体在部分领域开始有一定联系,但仍然处在较低的水平上。

---

① 完世伟.城乡一体化评价指标体系的构建及应用——以河南省为例[J].经济经纬,2008(4):60-63.

② 郑国,叶裕民.中国城乡关系的阶段性与统筹发展模式研究[J].中国人民大学学报,2009(6):87-92.

③ 白志礼,欧阳敏.我国城乡一体化的阶段性及其量化分析[J].西北农林科技大学学报(社会科学版),2010(6):44-50.

④ 杨榕,谢志强.中国城乡统筹发展的阶段性特征及对策研究——以无锡市城乡一体化实践为例[J].中国发展,2011(2):81-85.

2.城乡互动发展阶段

在这一阶段,城乡的经济社会都实现了一定程度的发展,城镇自身的集聚和扩散能力不断提升,初步具备了对农村区域发展的带动能力。同时,城乡各类主体开始有一定的互动发展,突出表现在:城镇化率逐步提高,城乡收入差距开始有慢慢缩小的趋势;农村基础设施投入逐渐加大,但仍然满足不了农村经济社会发展的需要;公共养老、医疗服务开始向农村地区延伸,但仍然处于较低水平。由于城乡劳动生产率的差异、制度的惯性和农村主体能力的限制,在这一阶段,生产要素流动仍然主要呈现为农村向城镇的单向流动,部分生产要素开始向农村流动。

3.城乡统筹发展阶段

在这一阶段,城镇的第二、第三产业有了长足发展,开始具备工业反哺农业、城镇带动农村发展的经济实力。农村地区的经济社会也有了较好的发展,城镇化率已经达到较高的水平,城乡资源流动呈现出动态网络的特征,城乡之间的人才、信息、资金和技术等要素交流进一步扩大,城乡各自拓展了发展机会。在城乡政策的顶层设计中,开始把农业、农村和农民问题放在优先位置,农村区域的规划得到重视,农村区域的基础设施建设、公共服务水平也有较大提升。

4.城乡融合发展阶段

在这一阶段,城乡产业高度发展,城乡间要素全面交互流动,城乡一体的经济协作网络形成,城乡开始均质发展,城乡产业均高度发展,协调的城镇和乡村体系形成并构成合理分工,农村区域的文明、产业、生活环境等向城镇转型。城乡区域高度实现资源互补、区域协作、联动发展。城乡居民收入差距基本消失，城乡生活方式趋同，城乡区域在规划、基础设施、公共服务方面实现一体化，城乡社会实现高度融合，以城镇为蓝底的城乡融合发展的新型城乡关系得以实现。

表 3-10 总结了我国城乡一体化发展各阶段的具体特点。城镇化和城乡产业发展是城乡融合发展的内在动力和根本原因，城乡收入差距、城乡规划、城乡基础设施、城乡公共服务和城乡社会管理是城乡融合发展的现实表象与外在表征。

表 3-10　城乡融合发展各阶段的特点

项目	城乡分离发展阶段	城乡互动发展阶段	城乡统筹发展阶段	城乡融合发展阶段
城镇化率	城镇化率较低，大中小城市与小城镇发展严重失衡	城镇化速度加快，但区域城镇体系不健全，小城镇与中心城区存在较大差距	较高，大中小城市与小城镇协调开始发展	很高，协调的城镇和乡村体系基本建立
城乡产业发展	城镇产业体系尚不健全，农业现代化、产业化发展水平较低	城镇产业体系逐步健全，农村资源要素流失问题突出，农业现代化、产业化发展缓慢	开始在区域层面考虑产业合理布局，工业强力反哺农业，城乡产业的动态网络开始出现	城乡产业发展充分，农村和城镇基于各自的禀赋形成产业合理分工，联动发展
城乡收入差距	很大	较大	较小	基本消除

续表

项目	城乡分离 发展阶段	城乡互动 发展阶段	城乡统筹 发展阶段	城乡融合 发展阶段
城乡 规划	农村基本没有规划,城镇区域规划基本不考虑农村地区	开始用城镇的规划方式规划农村(尤其是城镇郊区),但仍没有覆盖全部农村	逐步实现城镇和农村区域规划全覆盖,城乡规划开始相互衔接	用规划城镇的理念规划农村,城乡规划完全一体化
城乡 基础 设施	基础设施建设偏向城镇区域,农村基础设施建设严重滞后	农村基础设施投入开始加大,但仍然满足不了经济社会发展的需要	农村基础设施开始向城镇看齐,农村经济设施基本能够满足经济社会发展需要	城乡基础设施一体化,随着经济社会发展,农村经济设施不断跟进
城乡 公共 服务	公共品严重偏向城镇,农村公共服务供给严重滞后	养老、医疗、就业等社会保障逐步向农村延伸	农村区域养老、医疗、就业等社会保障基本全面覆盖	城乡公共服务完全一体化
城乡 社会 管理	城镇和农村采用不同的社会管理体制和管理制度	农村区域传统的管理体制和管理制度开始松动,但城乡仍相互隔离	开始探索城乡融合的社会管理制度,尤其是在城镇郊区	基本形成了以城镇为蓝底的城乡社会管理体系

二、城乡融合发展各阶段的量化指标

城乡融合发展包括空间、经济、社会、生态、文化等多个维度,要建立一个全面完整地刻画城乡关系的完善体系显然非常困难,不同学者通过构建不同的评价指标体系来定量刻画城乡融合发展状况。

完世伟选取了 20 个指标,从空间、人口、经济、社会、生态环境等五个方面反映区域城乡一体化发展状况。[①] 张国平和籍艳丽构建了一个包含 14 个指标的评价指标体系,并运用层次分析法确定指标权重,以静态评价城乡一体化水平。[②] 与上述学者构建一套完整的评价指标不同,也有部分学者采用少数指标来研究刻画城乡一体化发展状况。郑国和叶裕民选取的具体指标包括人均第二产业 GDP、非农业人口占总人口的比重、乡城人均 GDP 比值、乡城人均拥有病床数比值。[③] 白志礼和欧阳敏选取的指标包括人均 GDP、城乡收入比、城市化率、产业结构和就业结构。[④]

本书选取的指标包括城镇化率、城乡收入差距、人均 GDP、产业结构四个方面最基本的指标。由于城乡发展的其他方面,如空间、社会、生态环境一体化等均受到这四个方面指标的制约和影响,并存在不同程度的难以量化特征,因此,本书选取的指标能够反映城乡关系本质,且具有一定普适性。

一是城镇化率。城镇化率是反映城乡融合发展的基本指标,是各个地区在工业化、现代化过程中经济社会结构变迁的反映,是城乡关系的最直接的外在表现形式。一般来说,城镇化率的高低与经济社会发展水平呈正相关关系,城镇不断发展扩张、城镇化率不断提升的过程也是城乡关系不断发展改善的过程。

二是城乡收入差距。城乡收入差距是城乡关系最直接、最重要

---

① 完世伟.城乡一体化评价指标体系的构建及应用——以河南省为例[J].经济经纬,2008(4):60-63.

② 张国平,籍艳丽.区域城乡一体化水平的评价与分析——基于江苏的实证研究[J].南京社会科学,2014(11):151-156.

③ 郑国,叶裕民.中国城乡关系的阶段性与统筹发展模式研究[J].中国人民大学学报,2009(6):87-92.

④ 白志礼,欧阳敏.我国城乡一体化的阶段性及其量化分析[J].西北农林科技大学学报(社会科学版),2010(6):44-50.

的体现。城乡居民收入差距既是城乡分离的结果,也通过对居民消费能力的影响,进一步加剧城乡的分离。城乡收入差距是内生要素和外生要素共同作用的结果。从内生的角度来看,城乡人均收入差距是生产要素差异的外在表现,具有一定的不可避免性。而以外生的角度来看,城乡收入差距与经济政策有很大关联。毫无疑问,衡量城乡收入差距的最重要指标是城乡人均收入比。

三是人均GDP。人均GDP在经济学上是衡量经济社会发展水平的一个重要指标,是判断一个国家或地区经济发展程度的重要依据,是一个地区经济实力的重要体现。人均GDP对城乡空间结构、产业结构、产业布局、经济增长方式、消费结构等均具有主导影响,进而影响城乡关系。

四是产业结构。合理的产业结构是城乡融合发展的内在要求和外在表现。从世界各国的发展历史来看:随着产业结构的变动,城乡关系会发生变化;在城乡融合发展的不同阶段,农业、工业和服务业的重要性与比重会随之发生变化,一般经历了从以农业为主到以工业为主,再到以服务业为主的发展顺序。

基于相关文献,各指标的具体阶段划分标准如下。

第一,城镇化率指标标准值的划分。根据美国地理学家诺瑟姆的研究,各国城镇化进程的轨迹可以概括成一条稍被拉平的S形曲线,当城镇化率达到30%后,城乡关系开始发生剧烈变化。[①] 因此,本书将30%的城镇化率作为城乡分离发展阶段和城乡互动发展阶段的分界点。李璐颖的研究表明,当城市化率超过50%时,整个国家在政治、经济、社会等方面都面临结构性转变,其隐性关键词从前期的"牺

---

① Northam R M. Urban Geography[M]. New York: John Wiley & Sons, 1979.

牲"逐渐转向后期的"反哺"。[①] 因此,本书将 50% 的城镇化率作为城乡互动发展阶段和城乡统筹发展阶段的分界点。根据诺瑟姆的研究,当城镇化率超过 70% 后,城镇化开始进入高级阶段,城镇和乡村的差别逐渐消除并开始一体化发展。因此,本书将 70% 的城镇化率作为城乡统筹发展阶段和城乡融合发展阶段的分界点。

第二,城乡收入比指标标准值的划分。本书考察城乡收入比指标在城乡融合发展不同发展阶段上的标准值,主要基于白志礼和欧阳敏的研究[②],以及对我国城乡收入差距变化的历史观察。在城乡分离发展阶段,城镇区域第二、第三产业发展相对迅速,劳动生产率逐渐提升,而农村区域的小规模农户的相对劳动生产率不断下降,农业比较效益相对下降,导致城乡差距出现并不断扩大,处于这一阶段的城乡收入比大约在 1.5 到 2.5 之间。在城乡互动发展阶段,城镇的规模效应和集聚效应不断放大,农村区域的资金、土地、劳动力等生产要素流动集聚到生产效率更高的城镇,城乡差距进一步扩大,城乡收入比大约在 2.5 到 4.0 之间。在城乡统筹发展阶段,在城乡发展不平衡带来的一系列问题凸显背景下,农村地区的重要性开始得到重视,偏向城镇的发展战略得到部分纠正,城乡差距开始缩小,城乡收入比大约在 1.5 到 2.5 之间。在城乡融合发展阶段,城镇和乡村均得到了均衡发展,除了景观上的差异和基于资源禀赋的分工,城镇与农村的差别基本消除,这一阶段城乡收入比大约在 1.1 到 1.5 之间。

第三,人均 GDP 指标标准值的划分。根据钱纳里和塞尔昆的理论:在城镇化率达到 10% 时,人均 GDP 约为 100 美元;在城镇化率达到 30% 时,人均 GDP 约为 200 美元;在城镇化率达到 50% 时,人均

---

① 李璐颖.城市化率 50% 的拐点迷局——典型国家快速城市化阶段发展特征的比较研究[J].城市规划学刊,2013(3):43-49.

② 白志礼,欧阳敏.我国城乡一体化的阶段性及其量化分析[J].西北农林科技大学学报(社会科学版),2010(6):44-50.

GDP 约为 500 美元；在城镇化率达到 70% 时，人均 GDP 约为 1500 美元。[①] 本书将以上各值作为城乡融合发展各阶段的分界点，由于钱纳里和塞尔昆的研究以 1964 年的美元价值来衡量人均 GDP 及其反映的经济社会发展阶段，数据缺乏可比性。因此，本书借助 GDP 平减指数将物价波动因素予以消除。

第四，产业结构相关指标准值的划分。根据钱纳里和塞尔昆的理论：在城镇化率达到 30% 时，第一产业比重为 40% 左右；当城镇化率达到 50% 时，第一产业比重为 22% 左右；在城镇化率达到 70% 时，第一产业比重为 10% 左右。因此，本书将第一产业占比 40%、22%、10% 作为城乡融合发展各阶段的分界点。

各阶段的基本各指标见表 3-1。

表 3-11　城乡融合发展各阶段的基本指标

指标	城乡分离发展阶段	城乡互动发展阶段	城乡统筹发展阶段	城乡融合发展阶段	全国
城镇化率	30% 及以下	>30%—50%	>50%—70%	70% 以上	52.57%
城乡收入比	1.5—<2.5	2.5—4.0	1.5—<2.5	1.1—<1.5	3.10
人均 GDP	1400 美元及以下	>1400—3500 美元	>3500—10500 美元	10500 美元以上	6164 美元
第一产业占比	40% 以上	<22%—40%	>10%—22%	10% 及以下	10.1%

注：人均 GDP 按照 2012 年 12 月 31 日人民币与美元的汇率换算。

---

① 钱纳里，塞尔昆. 发展的型式 1950—1970[M]. 李新华，译. 北京：经济科学出版社，1988.

三、我国城乡融合发展所处的阶段

参照上述提出的城乡融合发展各阶段特点和划分标准，结合表 3-1 中的我国的相关数据，基本可以判断，当前我国城乡融合发展总体上处于从城乡互动发展阶段向城乡统筹发展阶段转换阶段。分指标来看，城镇化率、人均 GDP 和第一产业占比已经迈过城乡互动发展阶段的门槛，进入城乡统筹发展阶段，而城乡收入比指标相对落后，仍然处于城乡互动发展阶段。

第四章

城乡差距依然较大

　　自改革开放以来,我国城乡经济社会不断发展,城乡交换关系逐步改善,城乡分割开始松动。但由于历史问题,制约城乡融合发展的传统因素仍然没有得到根本改变。外部制度障碍形成了封闭的城乡关系,造成了城镇带动农村经济发展机制的缺失。正如习近平总书记指出的那样,我们也应该看到,"我国城镇化率已接近60%,但作为有着960多万平方公里土地、13亿多人口、5000多年文明史的大国,不管城镇化发展到什么程度,农村人口还会是一个相当大的规模,即使城镇化率达到了70%,也还有几亿人生活在农村。城市不可能漫无边际蔓延,城市人口也不可能毫无限制增长。现在,我们很多城市确实很华丽、很繁荣,但很多农村地区跟欧洲、日本、美国等相比差距还很大。如果只顾一头、不顾另一头,一边是越来越现代化的城市,一边却是越来越萧条的乡村,那也不能算是实现了中华民族伟大复兴。我们要让乡村尽快跟上国家发展步伐"[1]。在工业化、城镇化的过程中,农业、农村、农民始终处于弱势地位,发展不平衡不充分问题在乡村最为突出,城乡交通及基础设施、公共服务供给差距仍然明显,城乡生态文明建设差距依然显著,农村教育、医疗和社会保障水平较低。[2]

　　本章使用的数据均来源于2005—2020年的《中国统计年鉴》、《中国环境统计年鉴》、《中国农村统计年鉴》、《中国城市统计年鉴》、《中国农业统计年鉴》,以及各省份的统计年鉴、中国经济社会发展统计数据库。

---

　　[1]　参见新华网:http://www.xinhuanet.com/politics/2017-12/29/c_1122187923.htm。

　　[2]　徐志明.以城乡融合推动城乡建设高质量[J].群众,2018(5):43-44.

第一节 城乡收入差距

一、城乡收入差距较大

2020 年,全国农民工总量为 28560 万人,比上年减少 1.8%。其中:外出农民工为 16959 万人,减少 2.7%;本地农民工为 11601 万人,减少 0.4%。①

城乡收入差距依然较大。2020 年,按常住地分,城镇居民人均可支配收入为 43834 元,比上年增长 3.5%,消除价格因素,实际增长 1.2%。城镇居民人均可支配收入中位数为 40378 元,增长 2.9%。农村居民人均可支配收入为 17131 元,比上年增长 6.9%,消除价格因素,实际增长 3.8%。农村居民人均可支配收入中位数为 15204 元,增长 5.7%。城乡居民人均可支配收入比值为 2.56,比上年缩小 0.08。城镇居民人均消费支出为 27007 元,减少 3.8%,消除价格因素,实际下降 6.0%;农村居民人均消费支出为 13713 元,增长 2.9%,消除价格因素,实际减少 0.1%。全国居民恩格尔系数为 30.2%,其中城镇为 29.2%,农村为 32.7%。3621 万人享受农村最低生活保

---

① 参见国家统计局网站:http://www.stats.gov.cn/tjsj/zxfb/202102/t20210227_1814154.html。

障,447 万人享受农村特困人员救助供养。

虽然城乡居民收入比从最高点,2007 年的 3.14,持续下降到 2012 年的 2.88,进而下降到 2020 年的 2.56,但近几年的下降幅度逐渐收窄,农民持续增收面临比较大的挑战。考虑到社会保障等方面的差异,城乡收入实际差距要远大于城乡居民人均可支配收入比值差距。如表 4-1 和图 4-1 所示,从不同群体人均收入来看,2019 年低收入户至高收入户人均收入依次分别为 7380.4 元、15777.0 元、25034.7 元、39230.5 元及 76400.7 元。高收入户人均收入约为低收入户人均收入的 10 倍。

表 4-1　不同群体人均收入水平

年份	低收入户人均收入/元	中等偏下户人均收入/元	中等收入户人均收入/元	中等偏上户人均收入/元	高收入户人均收入/元
2016	5528.7	12898.9	20924.4	31990.4	59259.5
2017	5958.4	13842.8	22495.3	34546.8	64934.0
2018	6440.5	14360.5	23188.9	36471.4	70639.5
2019	7380.4	15777.0	25034.7	39230.5	76400.7
年份	低收入户人均收入增长率/%	中等偏下户人均收入增长率/%	中等收入户人均收入增长率/%	中等偏上户人均收入增长率/%	高收入户人均收入增长率/%
2016	5.89	8.45	8.30	8.67	8.65
2017	7.77	7.32	7.51	7.99	9.58
2018	8.09	3.74	3.08	5.57	8.79
2019	14.59	9.86	7.96	7.57	8.16

数据来源:根据《中国统计年鉴》2020 年数据整理所得。

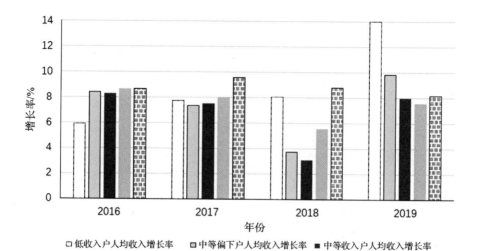

图 4-1 我国不同群体人均收入增长率变化

数据来源:根据 2020 年的《中国统计年鉴》相关数据整理所得。

二、城乡居民收入的现状及变动趋势

改革开放至今,党和政府积极推动收入分配制度改革,出台了很多与民生相关的政策,通过加强民生建设来改善我国的收入分配状况,城乡居民收入水平得到了较大的提高,但我国的城乡居民收入差距一直保持在较高水平。

城乡居民的人均收入水平及其增长率变化情况如表 4-2、图 4-2 所示。从时间上看,城镇居民人均收入由 1990 年的 1510.2 元提高到了 2019 年的 42358.8 元,城镇居民人均收入增长了 27.04 倍,农村居民人均收入由 1990 年的 686.3 元提高到了 2019 年的 16020.7 元,农村居民人均收入增长了 22.34 倍,城镇居民人均收入增长幅度大于农村居民人均收入增长幅度。从城乡居民人均收入来看,城镇居民和农村居民的人均收入变化均呈现出不断上涨趋势,但是,农村居民人均收入上涨幅度远远小于城镇居民人均收入的上涨幅度,这表明农村居民人均收入增长速度远小于城镇居民人均收入增长速度。从城乡居民人均收入增长率来看,2009 年之前大部分年份,城镇居民人均收入的增长率要大于农村居民人均收入增长率。但这种状况在 2009 年之后发生了根本性变化,2009 年之后,农村居民人均收入增长率一直高于城镇居民人均收入的增长率,说明城乡收入的差距在不断缩小。从城乡居民收入比来看,2009 年之前,城乡居民收入比基本呈上升态势,在 2009 年达到最大值 3.33。在此之后,城乡居民收入比逐年下降,2019 年下降到 2.64。

表 4-2 城乡居民人均收入及其增长率

年份	城镇居民人均收入/元	农村居民人均收入/元	城镇居民人均收入增长率/%	农村居民人均收入增长率/%	城乡居民收入比
1990	1510.2	686.3	——	——	2.20
1991	1700.6	708.6	12.61	3.25	2.40
1992	2026.6	784.0	19.17	10.64	2.58
1993	2577.4	921.6	27.18	17.55	2.80
1994	3496.2	1221.0	35.65	32.49	2.86
1995	4283.0	1577.7	22.50	29.21	2.71
1996	4838.9	1926.1	12.98	22.08	2.51
1997	5160.3	2090.1	6.64	8.51	2.47

续表

年份	城镇居民人均收入/元	农村居民人均收入/元	城镇居民人均收入增长率/%	农村居民人均收入增长率/%	城乡居民收入比
1998	5425.1	2162.0	5.13	3.44	2.51
1999	5854.0	2210.3	7.91	2.23	2.65
2000	6280.0	2253.4	7.28	1.95	2.79
2001	6859.6	2366.4	9.23	5.01	2.90
2002	7702.8	2475.6	12.29	4.61	3.11
2003	8472.2	2622.2	9.99	5.92	3.23
2004	9421.6	2936.4	11.21	11.98	3.21
2005	10493.0	3254.9	11.37	10.85	3.22
2006	11759.5	3587.0	12.07	10.20	3.28
2007	13785.8	4140.4	17.23	15.43	3.33
2008	15780.8	4760.6	14.47	14.98	3.31
2009	17174.7	5153.2	8.83	8.25	3.33
2010	19109.4	5919.0	11.26	14.86	3.23
2011	21809.8	6977.3	14.13	17.88	3.13
2012	24564.7	7916.6	12.63	13.46	3.10
2013	26955.1	8895.9	9.73	12.37	3.03
2014	29381.0	9892.0	9.00	11.20	2.97

续表

年份	城镇居民 人均收入/元	农村居民 人均收入/元	城镇居民人均 收入增长率/%	农村居民人均 收入增长率/%	城乡居民 收入比
2015	31194.8	11421.7	6.17	15.46	2.73
2016	33616.2	12363.4	7.76	8.24	2.72
2017	36396.2	13432.4	8.27	8.65	2.71
2018	39250.8	14617.0	7.84	8.82	2.69
2019	42358.8	16020.7	7.92	9.60	2.64

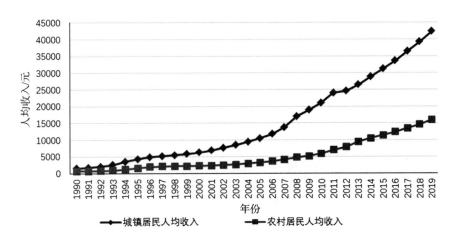

图 4-2　1990—2019 年城乡居民人均收入变化

数据来源:根据《中国统计年鉴》1991—2020 年数据整理所得。

　　如表 4-3 所示,2015—2019 年,城镇居民、农村居民的工资性收入分别增长了 32.21% 和 43.11%,城镇居民、农村居民的经营性收入分别增长了 39.25% 和 27.95%,城镇居民、农村居民的财产性收入分别增长了 44.34% 和 50.00%,城镇居民、农村居民转移性收入分别增长了 41.64% 和 59.60%。城乡居民的工资性收入差距最大,以 2019 年为例，城乡居民收入绝对额差距为 26338.0 元，其中工资性差收入差距达到 18981.3 元，占比达 72.07％。城镇居民的财产性收入和转移性收入也高于农村居民。

表 4-3　城乡居民收入及其增长情况

单位：元

年份	城镇居民 工资性收入	城镇居民经营 性收入	城镇居民财产 性收入	城镇居民转移 性收入
2015	19337.10	3476.08	3041.93	5339.72
2016	20664.99	3770.10	3271.33	5909.82
2017	22200.93	4064.75	3606.87	6523.64
2018	23792.20	4442.60	4027.70	6988.30
2019	25564.80	4840.40	4390.60	7563.00
年份	农村居民工资 性收入	农村居民经营 性收入	农村居民财 产性收入	农村居民转移 性收入
2015	4600.31	4503.58	251.53	2066.30
2016	5021.85	4741.28	272.05	2328.23
2017	5498.42	5027.82	302.96	2603.23
2018	5996.10	5358.40	342.10	2920.50
2019	6583.50	5762.20	377.30	3297.80

数据来源：根据《中国统计年鉴》2020 年数据整理所得。

第二节　城乡社会保障差距

我国 1958 年建立的户籍制度将城乡居民分为农业户口与城镇户口,户籍制度包含着对劳动就业、医疗保障、义务教育等的具体规定。在过去的户籍制度下,农业户口与城镇户口之间在利益分配和社会保障方面存在着较大的不平等。

随着城镇化进程的加快,农村老年人的数量不断增加,老龄化的程度不断提高。传统的农村养老模式如养儿防老、土地养老等在新时代背景下的作用慢慢削弱。伴随着城镇化的推进和农村青壮年劳动力的迁出,人口老龄化、空巢老人现象越来越严重,老年人群体的规模不断扩大,但是,农村养老保险待遇水平无法满足领取人员的基本生活需求,无法达到真正的保障效果(见表 4-4)。以安徽省为例,根据《安徽省人民政府关于 2017 年实施 33 项民生工程的通知》以及相关规定,参加城乡居民养老保险的人员应当按规定缴纳养老保险费,缴费标准为每年 100 元、200 元、300 元、400 元、500 元、600 元、700 元、800 元、900 元、1000 元、1500 元、2000 元、3000 元 13 个档次。参保人员自主选择缴费档次,多缴多得,长缴多得。中央财政按照确定的基础养老金标准给予全额补贴,目前为每人每月 70 元。每人每年最低缴费补贴标准为:缴 100 元补 30 元,缴 200 元补 35 元,缴 300 元补 40 元,缴 400 元补 50 元,缴 500 元及以上的补 60 元。对参保人员的缴费补贴,省级财政目前承担 20 元,其余部分由市、县财政承担,市、县承担比例由其自行确定。

表 4-4 城镇与农村社会保障项目

类型	内容				
农村居民社保项目	农村居民基本养老保险	新型合作医疗保险	五保户	农村居民最低生活保障	
城镇居民社保项目	城镇居民基本养老保险	社区养老保险	社区医疗保险	最低生活保障	保障性住房
城镇职工社保项目	养老保险	医疗保险	失业保险	工伤保险	生育保险

　　虽然没有具体的数据可以直接显示城乡养老保障的差异，但从城乡养老保险的保障水平来看，无论是从缴纳比例还是从待遇水平上来看，城镇职工基本养老保险总是高于新型农村养老保险。2019年，全国城乡居民养老保险待遇领取人员共有16032万人，养老保险基金共支出3114亿元，其中人均养老待遇只有每月162元，平均每年待遇只有1942元。根据《2019年人力资源和社会保障事业发展统计公报》，2019年我国共有职工基本养老保险离退休人员（包含机关企事业退休人员）12310万人，养老保险基金支出为49228亿元，人均每月养老金待遇为3330元。比农村养老金待遇足足高将近20倍。

　　《关于做好2018年城乡居民基本医疗保险工作的通知》中规定，2018年城乡居民基本医疗保险标准是各级财政补助人均不少于490元，个人缴纳220元，与城镇职工基本医疗保险待遇水平存在较大差异。

　　同时，城乡社会保障在生育保险、失业保险、工伤保险等项目上也存在较大差异，这些项目的整合与统筹更是任重道远。

第三节　城乡教育方面的差异

　　义务教育公平是人民美好生活的重要前提。如表 4-5 和图 4-3 所示,从城乡小学来看,2000—2004 年城镇的生师比低于农村的生师比,而 2005—2019 年城镇的生师比一直高于农村的生师比;从城乡初中来看,2000—2003 年城镇生师比低于农村的生师比,而 2004—2019 年城镇的生师比高于农村的生师比;从城乡高中来看,2000—2019 年,除了 2002 年,其余年份城镇的生师比低于农村的生师比。总体来说,农村地区小学和初中的教育质量逐渐上升,义务教育阶段农村和城镇的教育质量差距在逐渐缩小,农村学生逐渐得到教师的更多关心和付出。义务教育阶段生师比在 2005 年前后的反转,主要是源于我国的城镇化进程中,农村地区人口包括义务教育阶段的学生大量迁入城镇,使得城镇地区学校学生数量远远高于农村地区。同时,我们更要注意到,在城镇化进程中,农村地区大量优质教师资源大量流向城镇。

表 4-5　各级义务教育阶段的城乡生师比

年份	城镇小学	农村小学	城镇初中	农村初中	城镇高中	农村高中
2000	16.89	21.35	15.98	20.38	15.17	15.58
2001	19.21	22.68	16.67	20.11	16.05	16.59

续表

年份	城镇小学	农村小学	城镇初中	农村初中	城镇高中	农村高中
2002	19.02	21.90	16.78	20.17	16.84	17.77
2003	19.30	21.09	16.59	17.20	17.42	18.40
2004	19.54	20.28	19.40	16.26	17.81	18.79
2005	19.47	19.26	18.16	15.74	17.76	18.80
2006	19.36	18.96	17.10	15.63	17.19	18.21
2007	19.49	18.38	16.08	15.76	16.58	17.23
2008	19.41	17.75	15.64	15.36	15.09	16.16
2009	19.14	17.15	15.27	14.64	15.52	15.66
2010	19.22	16.77	15.00	14.03	15.15	15.46
2011	19.09	16.64	14.48	13.58	15.19	15.30
2012	18.99	15.88	14.11	12.46	14.85	15.00
2013	20.44	16.79	13.94	12.39	14.70	15.50
2014	20.25	15.51	13.20	11.08	14.45	14.97
2015	20.88	15.68	12.75	10.89	13.98	14.01
2016	20.61	16.34	19.75	10.98	13.59	14.68
2017	18.08	14.47	12.80	11.19	13.40	13.58
2018	18.09	14.31	13.05	11.51	13.12	13.45
2019	18.01	14.01	13.10	11.65	12.98	13.02

数据来源:根据《中国教育统计年鉴》2001—2020 年相关数据整理所得。

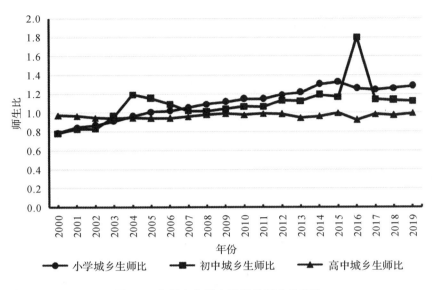

图 4-3 各级义务教育阶段的城乡生师比

数据来源:根据《中国教育统计年鉴》2001—2020 年相关数据整理所得。

城乡专任教师平均受教育年限如表 4-6 所示,2003 年全国教师的平均受教育年限为 14.30 年,2019 年全国教师的平均受教育年限为 15.97 年,整体来看,我国教师的平均受教育年限呈逐年增长趋势,2003 年城镇教师的平均受教育年限为 14.72 年,农村教师的平均受教育年限为 13.58 年,2019 年城镇教师的平均受教育年限为 16.00 年,农村教师的平均受教育年限为 15.84 年。这说明,城乡教师在受教育年限方面还存在一定的差距,农村地区学校的教师资源要落后于城镇地区。

表 4-6 城乡专任教师平均受教育年限

单位:年

年份	教师平均受教育年限	城镇教师平均受教育年限	农村教师平均受教育年限
2003	14.30	14.72	13.58

续表

年份	教师平均教育年限	城镇教师平均教育年限	农村教师平均教育年限
2004	14.54	14.84	13.80
2005	15.13	15.03	13.97
2006	14.62	15.15	14.68
2007	15.01	15.24	14.25
2008	15.12	15.32	14.37
2009	15.24	15.62	14.50
2010	15.33	15.45	14.60
2011	15.42	15.44	14.65
2012	15.50	15.49	14.78
2013	15.58	15.54	14.83
2014	15.65	15.59	14.93
2015	15.72	15.63	15.01
2016	15.78	15.69	15.09
2018	15.98	16.00	15.80
2019	15.97	16.00	15.84

数据来源:根据《中国教育统计年鉴》2003—2020 年数据整理所得。

　　从各级义务教育阶段城乡专任教师平均受教育年限看:2003 年,农村小学专任教师的平均受教育年限为 13.80 年,城镇小学专任教师的平均受教育年限为 14.40 年;2019 年,农村小学专任教师的平均受教育年限为 15.79 年,城镇小学专任教师的平均受教育年限为 15.94 年——虽然农村和镇小学专任教师的平均受教育年限整体上有所变长,但农村小学专任教师的平均受教育年限一直短于城镇小学教师。2003 年,农村初中专任教师平均受教育年限为 15.20 年,城镇初中专任教师平均受教育年限为 15.50 年;2019 年,农村初中专任教师平均受教育年限为 15.99 年,城镇初中专任教师平均受教育年限为 16.00 年——农村初中专任教师的平均受教育年限同样短于城镇初中教师的平均受教育年限。2003 年,农村高中专任教师的平均受教育年限为 15.58 年,城镇高中专任教师的平均受教育年限为 15.90 年;2019 年,农村高中专任教师和城镇高中专任教师的平均受教育年限均为 16.00 年——城乡高中阶段总体专任教师的平均受教育年限从 2017 年开始持平(见表 4-7)。

表 4-7　各级义务教育阶段城乡专任教师平均受教育年限

单位:年

年份	小学专任教师平均受教育年限		初中专任教师平均受教育年限		高中专任教师平均受教育年限	
	农村	城镇	农村	城镇	农村	城镇
2003	13.80	14.40	15.20	15.50	15.58	15.90
2004	13.90	14.60	15.30	15.60	15.64	15.93
2005	14.10	14.70	15.40	15.60	15.71	15.96
2006	14.20	14.80	15.50	15.70	15.76	16.00

续表

年份	小学专任教师平均受教育年限		初中专任教师平均受教育年限		高中专任教师平均受教育年限	
	农村	城镇	农村	城镇	农村	城镇
2007	14.30	15.00	15.50	15.70	15.82	16.03
2008	14.40	15.10	15.60	15.80	15.88	16.06
2009	14.50	15.20	15.60	15.80	15.97	16.15
2010	14.70	15.20	15.70	15.80	16.02	16.16
2011	14.80	15.30	15.70	15.80	16.06	16.19
2012	14.90	15.30	15.70	15.90	16.09	16.22
2013	14.67	15.48	15.64	15.95	16.09	16.22
2014	14.81	15.55	15.69	15.98	16.10	16.25
2015	14.93	15.61	15.73	16.01	16.14	16.28
2016	15.06	15.68	15.76	16.04	16.17	16.31
2017	15.66	15.87	15.99	15.99	16.00	16.00
2018	15.74	15.90	15.99	15.99	16.00	16.00
2019	15.79	15.94	15.99	16.00	16.00	16.00

数据来源：根据2003—2020年的《中国教育统计年鉴》相关数据整理所得。

如表4-8所示，城乡生均教育经费支出呈逐渐增加的趋势。2009年，农村小学生均教育经费支出为3994.06元，到了2018年增长到23905.43元；2009年，城镇小学生均教育经费支出为

18773.80 元,2018 年增长到了 39894.04 元。2009 年,农村初中生均教育经费支出为 7338.28 元,2018 年增长到 56965.77 元;2009 年,城镇初中生均教育经费支出为 21908.76 元,2018 年增长到 50982.39 元;2009 年城镇高中生均教育经费支出为 10099.15 元,2016 年增长到 24227.01 元;2009 年,农村高中生均教育经费支出为 7084.81 元,2018 年增长到 22872.35 元。2009—2016 年,农村小学、初中及高中的生均教育经费支出均少于城镇。但是,从图 4-4 可以看出:城乡间小学和初中的生均教育经费比持续下降,说明城乡在义务教育阶段的生均教育经费差距在不断缩小;城乡间高中的生均教育经费差距则呈现逐渐扩大的趋势。这可能是由于一方面,国家增加了农村地区初中生均教育经费支出,另一方面,农村地区初中生的大量流出导致农村地区学生基数减少。

表 4-8　各级义务教育阶段城乡生均教育经费支出

单位:元

年份	小学生均教育经费支出		初中生均教育经费支出		高中生均教育经费支出	
	城镇	农村	城镇	农村	城镇	农村
2009	18873.80	3994.06	21908.76	7338.28	10099.15	7084.81
2010	26571.94	5798.51	50297.25	10631.83	22426.71	16041.62
2011	18309.06	7760.56	22573.39	17005.49	12691.99	18809.18
2012	21693.77	10585.60	39531.62	23324.05	16313.72	30982.05
2013	25115.33	14427.10	46215.62	33135.69	34513.06	32751.61
2014	27509.08	17758.50	51210.38	41766.26	42672.56	41882.09

续表

年份	小学生均教育经费支出		初中生均教育经费支出		高中生均教育经费支出	
	城镇	农村	城镇	农村	城镇	农村
2015	24093.58	18612.80	47453.54	45867.34	21043.19	13982.69
2016	27040.52	20312.60	53472.22	49738.34	24227.01	15663.02
2017	39258.75	22351.11	48408.83	54962.79	——	22457.66
2018	39894.04	23905.43	50982.39	56965.77	——	22872.35

数据来源：根据《中国教育经费统计年鉴》2010—2019年数据计算所得。

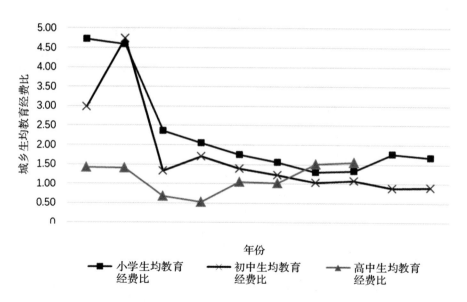

图4-4 各级义务教育阶段城乡生均教育经费比

数据来源：《中国教育经费统计年鉴》2010—2019年数据计算所得。

从受教育结果来看,城乡居民在平均受教育年限方面存在着明显的教育结果不公平。如表4-9所示,从全国来看,2000年全国平均受教育年限为7.62年,2018年为9.26年,2000—2018年全国平均受教育年限为7.62—9.26年;从城镇居民来看,2000年城镇居民平均受教育年限为9.16年,2018为11.67年,2000年至2018年城镇居民平均受教育年限为9.16—11.67年;从农村居民来看,2000年农村居民平均教育年限为7.27年,2018年农村居民平均教育年限为7.92年,2000—2018年农村居民平均受教育年限为6.75—7.92年;从城乡教育年限差距来看,2000—2002年城乡教育年限差距呈现出扩大趋势,2003—2006年表现出先扩大后缩小再扩大趋势,即波动扩大的趋势,2007—2010年呈现出逐年缩小趋势,2011—2018年呈现出逐年扩大趋势,到了2018年,城乡平均受教育年限差距达到最大值,3.75年。农村居民平均受教育年限整体上还是短于城镇居民平均受教育年限,城乡居民在平均受教育年限方面存在着明显的教育结果不公平。这表明城乡居民人均受教育年限均有所增加,但两者之间的差距并未显著缩小,反而在波动中扩大。

表4-9　城乡居民平均受教育年限

单位:年

年份	全国平均受教育年限	城镇平均受教育年限	农村平均受教育年限	城乡平均受教育年限差距
2000	7.62	9.16	7.27	1.89
2001	7.68	9.49	6.75	2.74
2002	7.73	9.57	6.79	2.78

续表

年份	全国平均受教育年限	城镇平均受教育年限	农村平均受教育年限	城乡平均受教育年限差距
2003	7.91	9.39	6.87	2.51
2004	8.01	9.57	6.78	2.79
2005	7.83	9.57	6.88	2.69
2006	8.04	10.15	7.03	3.12
2007	8.19	10.26	7.18	3.07
2008	8.27	10.28	7.28	2.99
2009	8.38	10.37	7.38	2.99
2010	8.80	10.57	7.58	2.99
2011	8.85	10.62	7.59	3.03
2012	8.94	10.73	7.63	3.10
2013	9.05	10.83	7.71	3.12
2014	9.87	10.81	7.69	3.12
2015	9.13	10.95	7.71	3.24
2016	9.13	10.89	7.70	3.20
2017	9.21	11.03	7.86	3.18
2018	9.26	11.67	7.92	3.75

数据来源：根据 2001—2019 年的《中国人口和就业统计年鉴》相关数据整理所得。

第四节　城乡生态环境方面的差异

城乡生态环境二元结构已经成为我国城乡多重二元结构中的重要组成部分。近年来,随着重点城市环境综合整治工作的深入开展,城镇环境质量在经济高速增长的同时基本保持稳定,生态问题和环境污染问题已经不仅仅是城镇的问题,而且已快速地向农村转移,工业化也同样具有向农村转移的态势。同时,城镇在生态环境保护的资金投入、基础设施、人员、信息等相关生产资源要素占有上具有明显的优势。农村的生态环境保护支出则主要依靠村级集体经济、农民自筹资金等。由于环保投入的充裕保障,城镇已经建成较为完备的生活垃圾处理系统与污水排放管网,环境基础设施体系日趋完善,而广大农村地区的公共卫生基础设施仍然比较落后,新农村建设过程中建立的很多环保设施处于无管理或半管理状态,落后的环境基础设施建设与日益沉重的环境负荷在农村的矛盾愈发突出。人口密度和自然条件也制约了环保设施效益的发挥,加上城乡之间在环保专业技术人员、环境意识、信息传播渠道上的既有落差,生态环境保护在城乡间的不平衡性益发突出。农村劳动力外流、农业科技难以推广、土地资源荒废、社会心理受困等现象不断产生,这些因素集中导致农村环境公共治理乏力、集体意志涣散等现实困境。[①]《2020 中

[①] 夏涛,耿言虎.公共性理论视域下农村环境治理提升路径研究——基于安徽省 L 县 3 村治理经验的调查[J].河北农业大学学报(社会科学版),2021(4):62-70.

国生态环境状况公报》指出，农村环境问题日益显现，农村环境形势对我国长期可持续发展构成了重大挑战。农村基础设施和公共服务设施的历史欠账仍然较多，短板依旧突出。比如：城镇的污水、生活垃圾处理率分别为 95％、97％，而农村仅为 22％、60％；城镇的每千人卫生技术人员数为 10.9 人，而农村仅为 4.3 人。

当前农村环境整治是以县（市、区）、镇、村为单位，实行属地负责管理制度，村是最小单位。虽然各自明确了责任，但各级单位间尚未形成有效机制，生产生活垃圾的收集、运输和处理的体系还不完善，生产生活垃圾处理的基础设施建设严重滞后，以迎合上级检查为目的的突击环境整治现象较为普遍。随着农村社会经济的不断发展，村民对公共服务的需求近几年井喷式增长，村级组织运转经费紧张已成为影响农村基层服务的一个重大问题。很多新农村没有公厕、路灯，无垃圾清扫人员、设备和处理场所，更不用说相应的污染处理系统，"脏、乱、差"现象仍然普遍存在。以上问题的根源还是农村集体经济基础薄弱，缺乏用于农村社区环境治理的资金。

根据中国生态环境状况公报：2015 年，全国水稻、玉米、小麦三大粮食作物化肥利用率为 35.2％，农药利用率为 36.6％；2020 年，全国水稻、玉米、小麦三大粮食作物化肥利用率为 40.2％，农药利用率为 40.6％。化肥利用率和农药利用率整体上在不断提升，但仍然处于较低水平。2020 年，中国畜禽粪污综合利用率为 75.0％，秸秆综合利用率为 86.7％，农膜回收率为 80.0％。

在城市发展进程中，城镇对农村生态环境的影响通过多种途径产生，其中污染转移是最明显也是最容易被感受到的。农村为城镇提供的环境服务也是多方位的，农村向城镇转移自身的自然资源和矿产资源，让渡自身的环境资源使用权以及自身的环境容量。农村为城镇提供这些无形环境服务转移的同时，还进行着大量的有形环境服务转移。在环境服务的转移过程中，农村一般表现为转移主体，而城镇则为转移受体；在环境污染转移过程中，城镇成为转移主体，农村一般又成为转移受体——这就是环境服务和环境污染之间存在异向转移的表现。但是在现实情况下，环境服务的转移主体并没得到经济收益，同时环境污染转移主体没得到适当的经济惩罚。农村的环境收益应该来源于城镇的环境支出，可在现实中，城镇并没有给农村相应的环境支出，形成农村的环境收益。目前逐渐改善的城镇环境与逐步恶化的农村生态的城乡二元环境结构，在短期内很难根本扭转。

第五节　城乡生产要素自由流动面临多重制约

第一，农村剩余劳动力进城落户成本过高。城镇化的红利绝大部分被城镇及城镇居民获得，在不断高企房价和物价的背景下，农村居民向城镇转移的门槛大大提高。特别是受住房身份的限制，已经在城镇工作生活多年的新生代农民工因其不具有城镇居民户籍，而被排除在城镇住房保障制度覆盖范围之外。① 部分城镇的积分落户政策，也是将农村转移劳动力中的部分精英筛选出来。同时，城镇常住人口和户籍人口没有实现社会保障体系和公共服务的均等化，城镇常住人口无法完全享受很多城镇公共服务，常住人口城镇化的质量不高。

---

① 赵宁.新生代农民工城市融入进程中住房保障的困境与出路[J].政法论丛，2016(1)：137－144.

第二，土地经营制度未充分市场化。土地资源是农村发展的根本依靠，也是吸引城镇要素资源"下乡"的核心要素。目前，农村耕地的流转已经达到极限，连续多年稳定在同一水平，再难突破。农村宅基地只能在村集体内部流转，城镇居民或村庄以外的其他居民不能购买村庄的农民住房，影响了农村宅基地的流转范围。农村集体经营性建设用地实行与国有土地同等入市流转、同权同价尚在试点中。

第三，农村社会资本积累主导权不足，农村组织和居民的资本收益与财产性收入得不到提高。一方面，农村土地进入市场必须先转为国有土地，土地增值和持续经营收益难以向原土地使用者和农村集体倾斜；另一方面，农村金融服务缺位，依靠城镇资本开发资源就失去利益分配的主导权。

第六节　城乡劳动生产率的差异

一、城乡发展差距

中国作为一个处在发展中的大国经济体，在过去 40 余年的高速经济增长过程中，表现出了鲜明的二元结构的经济与体制特征，在市场化取向改革中，城镇化率从 17.9％（1978 年）上升到 60.6％（2019 年）。城镇化过程不仅涉及劳动力的流动，也涉及土地、资本在城乡不同部门间的配置。诸多原因导致了我国农村的发展远远落后于城镇,从图 4-5 可以看出,2010 年以来,农村 GDP 占比和农村就业人数占比均处于逐年下降趋势。此外,农村居民人均可支配收入虽然逐年稳步增加,但是与城镇居民人均可支配收入一直存在较大差距。

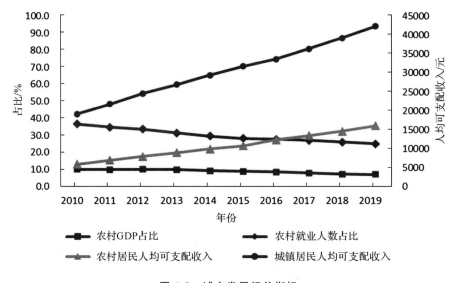

图 4-5 城乡发展相关指标

数据来源:根据 2010—2020 年的《中国统计年鉴》相关数据整理而得。

二、农业劳动生产率

农村的发展关键在于提高农业劳动生产率。我国学者的观点一致性地认为,提高农业劳动生产率不能依靠投入规模的扩大,关键在于结构的转换。提高农业劳动生产率是促进农民增收的重要手段,也是二元经济发展和工业化发展的前提条件,因此非常有必要从劳动生产率角度来研究我国农业农村现代化建设。

学术界对农业劳动生产率的研究由来已久,目前国内学者对农业劳动生产率主要有两类衡量方法:一类是实物化衡量方式,即表示为单位劳动力或单位土地面积的农产品产量;另一类是货币化衡量方式,即用单位劳动力的总产值来表示。由于用货币化指标能够更好地反映农业技术进步、农村劳动力转移在农业劳动生产率中潜在的信息,本书将借鉴张红丽和李洁艳的做法[1],用农林牧渔业总产值与农林牧渔业从业人员数的比值来表示农业劳动生产率,考虑到价格因素的影响,农、林、牧、渔业总产值由以 2010 年为基期的实际居民价格指数平减得到,即

$$农业劳动生产率 = \frac{农、林、牧、渔业总产值}{农、林、牧、渔业从业人员数}。$$

由图 4-6 可以看出,农业(农、林、牧、渔业)总产值与劳动生产率

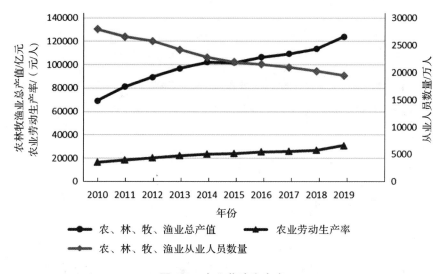

图 4-6 农业劳动生产率

数据来源:根据 2010—2020 年的《中国统计年鉴》相关数据整理而得。

---

① 张红丽,李洁艳.农业技术进步、农村劳动力转移与城乡收入差距——基于农业劳动生产率的分组研究[J].华东经济管理,2020(1):67 - 75.

呈逐年上升趋势,劳动生产率由 2010 年的 16736.64 元上升到 2019 年的 30890.06 元,总体增长幅度较大。但农业从业人员呈逐年下降趋势,2010 年为 27932 万人,2019 年下降至 19445 万人。

三、城镇劳动生产率

改革开放 40 余年来,我国城镇化快速发展,人口大规模向城镇集聚推动着城镇劳动生产率的不断提升。关于城镇劳动生产率,学者们分行业、分地区从不同角度研究交通设施、城镇规模等特定因素对其的影响。现有文献中,学者们用不同指标表征城镇劳动生产率,多采用劳均 GDP(GDP 与劳动力人口之比)表征城镇劳动生产率。例如卓玛草用市辖区人均 GDP 衡量劳动生产率[1],但这种测量方式使得测量结果偏小,并不能反映劳动者的平均产出。在此基础上,本书参照尤济红[2]、陶爱萍和江鑫[3]的做法,使用市辖区劳均 GDP 表征城镇劳动生产率。同时,考虑到价格因素的影响市辖区总产值由以 2010 年为基期的实际居民价格指数平减得到,即

$$城镇劳动生产率 = \frac{市辖区\ GDP\ 总量}{市辖区劳动力总量}。$$

由图 4-7 可知,城镇劳动生产率逐年提升,就业人员逐年增加,城镇劳动生产率由 2010 年的 107005.76 元/人提高到 2019 年的 177784.14 元/人。

---

① 卓玛草.中国城市规模与劳动生产率关系再检验——基于集聚来源与规模效率内在机理的分析[J].人口与经济,2019(5):53 - 65.

② 尤济红.人力资本、产业结构与城市劳动生产率[J].山西财经大学学报,2019(8):71 - 83.

③ 陶爱萍,江鑫.城市规模对劳动生产率的影响——以中国 267 个城市为例[J].城市问题,2017(8):15 - 21.

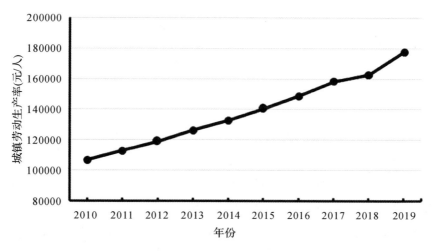

图 4-7　城市劳动生产率

数据来源：根据 2010—2020 年的《中国统计年鉴》《中国城市统计年鉴》相关数据整理而得。

四、城乡劳动生产率对比

由图 4-8 可知，2010—2019 年，城乡劳动生产率一直存在较大差距。两者的比值近几年虽然有所下降，但城镇劳动生产率仍然维持在农业劳动生产率的 5.5 倍以上，表明农业劳动生产率远落后于城镇劳动生产率。此外，城乡劳动生产率差值呈现逐年扩大趋势，表明城乡劳动生产率差距在逐年增大。

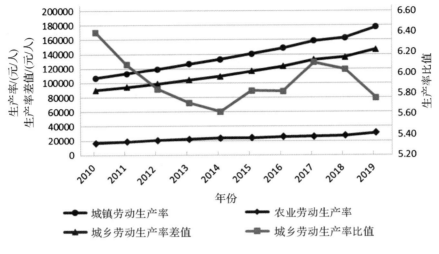

图 4-8　城乡劳动生产率对比

第七节　城乡社会治理差距

　　城乡社会治理融合是推进国家治理体系和治理能力现代化的关键,是实现城乡融合发展的保障。从当前城乡社会治理现状来看,农村社会治理是短板。当前略显碎片化的农村社区治理结构难以应对农村社会出现的新问题、新矛盾,自治、法治、德治有机融合的机制还没有真正建立起来。农村基层工作人员超负荷运转,部分农村基层干部在工作中存在作风粗暴、忽视法制现象;一些农村社区内部井然有序,但只是满足于"自扫门前雪";部分地方的村集体组织涣散,缺乏强有力的带头人。

2006 年,中央决定在全国范围内免除农业税,这一政策在减轻农民负担的同时,也使得基层政权实现了从"汲取"向"悬浮"的转变。农业农村部的数据表明,截至 2016 年底,在统计的 55.9 万个村中:村集体没有经营收益或经营收益在 5 万元以下的村有 41.8万个,占总村数的 74.9%;经营收益在 5 万元以上的村有 14.0 万个,占总村数的 25.1%。[①] 笔者调查的旌德县样本村:收入来源只有178800 元,但支出却高达 377160 元;全县 2016 年经营收益为 5 万元以下的村占 47%,5 万—20 万元的村占 20%;2017 年经营收益为 5万元以下的村占 33.8%(预计),5 万—20 万元的村占 48.5%(预计);大部分村集体入不敷出。部分偏远、区位优势不明显的农村社区,由于缺少资源,集体经济组织处于松散或半松散状态,收入常年只有几万元或几千元,有的甚至资不抵债,集体经济"统"的功能几近丧失或陷入停滞状态。部分村庄既无可经营性资源,又无可开发项目,吸引不来资本,从而导致集体经济长期无经营性收入甚至负债累累,成为所谓的"空壳村"。如何进一步发挥统分结合双层经营体制的优越性,通过改革激活、释放农村生产力,成为一道现实难题。[②] 同时,由于农村产业的"空洞化"倾向,大量农村劳动力进入城镇务工,农村"空心村"现象突出。"386199"(留守妇女、留守儿童和留守老人)现象非常普遍,社会问题突出。[③] 农村社区基础设施建设相对滞后,资源投入不足,公共服务落后,存在重建设轻服务的现象。村庄发展越来越多地呈现两种模式:一种是个体理性主导的分散发展,对于村庄来

[①] 参见中国农村网:http://journal.crnews.net/ncjygl/2017n/d8q/njtj/69904_20170 817114234.html。

[②] 王东京,王佳宁."三变"改革的现实背景、核心要义与推广价值[J].改革,2017(8):5-15.

[③] 毛锋,张安地."三元结构"发展模式与小城镇建设[J].经济经纬,2007(5):76-79.

说"无发展";另一种是由国家支农资金主导的社区基础设施建设,但村庄经济状况与社区福利并未显著改善。①

第八节　农业现代化建设滞后

应该说,我国的农业现代化一直在推进中,政府也一直在根据社会经济环境的变化,找寻农业现代化的适宜路径。但由于资源禀赋的客观约束、政策制度的路径依赖,我国农业现代化发展依然滞后,是现代化建设中最薄弱的环节和短板。新常态中国农业现代化存在的问题主要表现在以下几个方面。

一、农业从业者老弱化

农业现代化的突出特征之一是农民的现代化。随着农村人口的非农化转移,农业生产主要依赖老弱妇孺,导致农业劳动力的整体素质下降、农村人才空心化、农民老龄化等问题突出,他们主要依靠"经验"在从事农业生产。第六次全国人口普查的数据表明,农村老龄化人口比重为 14.98%,比第五次全国人口普查的 10.91% 提高了 4.07 个百分点,同期,城镇人口老龄化水平为 11.68%,比第五次全国人口

① 陈靖.村社理性:资本下乡与村庄发展——基于皖北 T 镇两个村庄的对比[J].中国农业大学学报(社会科学版),2013(3):31-39.

普查的 9.68％提高了 2.00 个百分点，说明农村人口老龄化程度高于城镇，而且发展速度快于城镇。显然，未来我国农业仅仅依靠老弱妇孺是难以提高现代化发展水平的，有必要培育一批有文化、懂技术、会管理并且留得住的农业人才。

二、农户经营规模过小

由于人多地少和土地均分的基本事实长期存在，我国农业生产一直存在"过密化"倾向，农业经营规模小，导致农业科技含量少，劳动生产率低，比较效益差，进而导致农产品结构调整步伐缓慢，我国农业劳动生产率只有第二、第三产业的 28％，小规模经营农户在面对大市场时困难重重。

三、农业服务业发展滞后，结构失衡

我国农业的超小规模推动产生了对农业服务业的广泛需求。从目前我国农业服务业的发展现状看，无论是服务主体的功能与规模，还是服务产品的结构和质量，都远远不能满足发展的要求。农业技术推广效率低下，难以满足农业现代化对农业技术的需求；农业信息化建设存在断层，农村现代信息的传播主要依靠口口相传，农村网络基础设施薄弱；农业金融服务存在较大的局限性，农业主体融资难问题依然突出，政策性农业保险的立法、补贴、体系建设亟待完善；农产品流通体系建设滞后，缺乏初级加工、冷链物流等辅助设施和必要的检验检测设施，明显滞后于特色优势产业做大做强的需要；农产品品牌建设起步晚、基础差，农产品销售模式落后，品牌在市场经济和推动农业转型发展中的作用还没有完全发挥。

四、农业供给侧结构性矛盾日益显现

当前,我国农业生产受到农产品价格"天花板"下沉和生产成本"地板"抬升的双重制约,农产品供求结构失衡,生产成本过高,资源错配及透支利用等问题突出。部分农产品的供给出现暂时性或阶段性过剩,如粮食、棉花等库存偏多,但同时一些农产品还不能完全满足市场需求,进口量较大,比如牛奶、大豆等。

近年来,由于富裕的城镇中产阶级的崛起,以及人们对于食品上残留的过量农药和其他化学残留物对人体危害的关注,人们对有机食品的需求急速增加。相关调查数据表明,当前,我国有机食品的消费额正以每年30%—50%的速度增长,但现有的农产品供给还不能很好地响应消费者的需求变化,常年缺货达30%。食物消费需求结构和偏好的转化,通过需求端倒逼农业生产结构的转化。这就要求农业生产要响应供给侧变化,满足市场需求,实现农产品供求由低水平平衡向高水平平衡的跃升,促进农业品种结构进一步优化,促进农业朝着高产、优质、高效方向发展,同时也要求农业生产经营者不断提高农业标准化、信息化水平,建立标准化生产与质量控制体系、农产品质量可追溯体系,进而提升我国农业的现代化水平。

第五章

新时代推动城乡融合发展的总体战略和路径

　　"未雨绸缪早当先,居安思危谋长远。"中国特色社会主义进入新时代,城乡融合发展在理论上实现了创新性新发展,在实践上取得了历史性新成就,城乡融合发展站在新的历史起点和方位,进入深水区和攻坚期。新时代的城乡融合发展工作将会面临一系列新任务、新难题、新变化,可以预见,未来的风险和挑战将会不断显现,甚至交织迭现,需要采取综合的手段和战略来进一步推动城乡融合发展。

第一节　基本立足点

一、正视农业、农村、农民发展滞后的现实

　　城乡持续失衡的状态并未彻底纠偏。整体上看,农业弱质、农民弱势、农村落后的格局不仅没有改变,反而出现了进一步固化的趋势。城乡收入差距有不断扩大之势;城镇和农村居民享受到的公共服务数量、质量呈现出"剪刀差"状态;土地城镇化快于人口城镇化,工业化快于城镇化;城乡居民拥有的生产要素数量以及要素本身的

报酬率的差异没有显著改变——我国的发展格局仍呈现出显著的城乡二元结构形态。在某些特定时期、特定区域，城乡经济发展的"失衡"情况甚至趋于加剧。表征在城市层面，即为城市区域内城镇和乡村在经济、文化、社会发展等各个层面的断裂。城乡之间的差别会长久存在，但城乡融合发展要消灭的是城乡对立而不是城乡差别。

城乡融合发展的重点与难点都在农村、农业和农民。我国是发展中农业大国，农业生产方式落后、农业投入不足、农业现代化水平低等问题将长期存在。农村人口比重较大，目前有近6亿人口居住在农村，单从农村人口数量来看，已经超过美国全国人口总数。非农就业的适应能力差和就业及收入的不稳定制约农民转化为市民。因此，要校正"城镇偏向"的发展战略，将城镇与乡村有机结合起来，实施农业农村优先发展战略，或者至少城乡平等发展战略，避免出现城镇问题突出而乡村衰落萧条的困境。

农户数量大、经营规模小、农业比较效益低的情况难以在短期内改变。在全国大多数地区，家庭联产承包责任制仍然是农业生产的主要经营形式，农村土地的集体所有制形式和一家一户的分散式经营等因素阻碍了农业资本和农业机械的进入，小农生产方式造成的农业劳动生产率低下的状况将长期普遍存在，短期内通过土地流转、家庭农场等方式难以彻底改变。

农民工市民化困难重重。不管是新一代还是老一代，农民工总体文化水平不高，职业技能缺乏，造成职业选择和就业空间狭小，大多数农民工主要在劳动密集型企业中从事技能要求不高的生产性劳动，尤其是制造业、建筑业和服务业。大多数农民工，在城镇化过程中，面临着城镇之门难进、农村之根难断的问题。对于这些个人素质处于劣势的农民工而言，即使政府将农民工进入城镇的制度性障碍完全去除，他们要想真正进入城镇也还有相当长的路要走。

二、立足于新的历史起点

经过多年的改革开放和经济增长,我国国力日渐强盛,我国经济具备了从数量增长向质量转型的物质基础。在新农村建设的深入推进下,农村基础设施不断优化,社会事业全面进步,居住条件和生活环境显著改善,农村呈现出新面貌。我国在户籍制度、土地流转制度以及公共服务均等化等方面累积了丰富的经验,农村人口逐步转移,现代农业建设稳步推进。相比较普通农民工,新生代农民工对现代城镇就业和生活的适应能力更强,成为未来城镇化的主力军。新形势下,城乡融合发展站在新的历史起点,城乡融合发展的手段日渐丰富,动力来源多样,政策回旋余地更大。

新时代下,城乡融合发展的新动力不断涌现,城乡融合发展能否实现再平衡,取决于动力转换更替的速度。政策必须积极有效响应,从而推动全域城市建设。例如:加强农村区域互联网基础设施建设和快递业务发展;转变农业发展方式,加快生态农业发展;挖掘农业的多功能价值,发展乡村旅游;推动资本下乡;强力推进全面扶贫等。新型城镇化的重点转向人口城镇化,必然拉动城乡融合发展;人口结构变化和服务业的发展将推动劳动者尤其是农民工的工资提高;农村土地制度改革将进一步激活农村土地要素市场;食品消费结构加快转型升级,拓展了优质生态农产品市场;互联网和现代物流的发展赋予农业更多当代商业色彩,农业生产"转方式、调结构、增效益"面临重大机遇。数字经济与农业农村经济的融合发展能够优化要素合理配置,降低交易成本,创新金融服务模式,实现规模经济效应,有效减少信息不对称,数字经济成为农村产业提质增效、农村经济持续增长的新动力、新引擎。①

三、立足于不同体制机制相互作用的内在机理

城乡融合发展是一个系统性的工程,城乡社会现代化的系统演化过程包括物质文明和精神文明等诸多方面。城乡相关制度在变迁过程中形成了制度的"耐久性",制度相互之间的关联效应进一步加重了制度的"惰性"。相关体制机制的建立,有些是在短期内可以完成的,有些可能在既定的框架下,需要长期培育市场机制、树立理念、凝聚共识才能够实现。城乡融合发展和城乡经济关系的调整涉及众多主体,不同主体的参与动机存在较大差异。因此,在健全体制机制时,必须从现实考虑相关体制机制耦合的内在机理和逻辑起点,注重相关体制机制安排的层次有别和内生有序、效率兼容和利益兼容,防微虑远,趋利避害,从而促进体制机制安排提升兼容性、包容性和降低成本,实现相关政策的效率兼容、利益兼容。

城乡融合发展涉及一系列基本的社会经济制度,如土地制度、户籍制度、社会保障制度等,必须积极、稳妥、有效地探索推进这些制度改革,系统响应城乡融合发展对制度的需求。必须综合考虑农业产业升级、农民工进城安居、农村长远发展等诸多因素,加快推动农村改革,从根本上打破城乡二元结构,推动资源要素的自由流动,从而实现"农业产业化、农民职业化、农村社区化"。

---

① 温涛,陈一明.数字经济与农业农村经济融合发展:实践模式、现实障碍与突破路径[J].农业经济问题,2020(7):118-129.

四、立足于我国经济发展阶段与区域发展差异

不同体制机制安排的内在运行机理和效率发挥需要一定的经济社会基础,基于我国的大国特征和经济发展阶段,资源禀赋不同地区的城乡融合发展体制机制选择存在极大的差异性。如东、中、西部地区,大、中、小城市在地理位置、资源禀赋、生产要素质量、经济社会发展程度等方面存在较大的空间差异和区域不平衡,城乡融合发展的路径也应存在差异。如曹萍和王彬彬将城乡一体化路径分为城郊型、小城镇型、偏远农村型①;白永秀将城乡一体化的模式分为大城市拉动型、现代农业拉动型、资源产业拉动型、特色产业拉动型、综合优势拉动型、生态旅游拉动型等②。因此,必须保证政府和市场作用发挥与各地经济发展状况匹配,寻求效率兼容、层次有别、与时俱进的体制机制安排和配套政策,从而发挥各种体制机制之间的协调效应,调动各主体的积极性。

分类突破全域城市建设的核心命题。根据各个城市的经济、社会发展水平,分类推进全域城市建设。对部分一线城市、中心城市和东南地区,城市经济、工业经济已经成熟,具备了带动农村、农业、农民发展的能力。这类城市的核心命题是全面破解城乡二元制度,实行城乡合治,以城市社会的治理方式来治理整个区域。而我国大部分城市都面临着农业、农村、农民发展滞后的现实,同时城市经济、工业经济自身不强,农业弱质、农民弱势、农村落后的情况在大多数城

---

①　曹萍,王彬彬.城乡一体化下的乡村治理——以成都为例[J].四川大学学报(哲学社会科学版),2010(6):120-125.

②　白永秀.西部地区城乡经济社会一体化战略研究[M].北京:人民出版社,2014:23.

市将长期存续。这类城市的核心命题是发展城市经济、工业经济和实现农业现代化，构筑城乡融合发展经济基础。

城乡融合发展是一个渐进的动态发展过程。在部分经济发达的地区和城市，城乡融合发展展现良好的端倪。开始有部分工业企业通过与农业产业的资源整合，组建新型产业链和产业集群，向农业领域进行产业、资本、技术和生产方式的转移、注入、渗透与重组再造，也即通过"工业反哺农业"的产业运动过程，实现对传统农业、农村、农户的现代化改造。发达的互联网和物流网实现了物理性的空间距离向时间距离的转变，推动了经济资源快速集聚集中，赋予了农业、农村生产要素更多的商业色彩，通过新的产业链、产业集群、产业圈和巨大的产业能量，带动区域经济一体化发展，促进了城乡融合发展。然而，还有部分落后的城市：在培育出新的生产力和地区新增长极方面困难重重；农村基础设施投入仍然满足不了农村经济社会发展的需要；公共养老、医疗服务仍然处于较低水平；由于城乡劳动生产率的差异、制度的惯性和农村主体能力的限制，生产要素流动仍然呈现农村向城镇的单向流动为主。

第二节　促进城乡生产要素自由流动、平等交换

推进城乡融合发展的关键之一是实现城乡生产要素的自由流动和平等交换。由于各种体制性和非体制性因素的制约，我们看到的是，在很多地方和不同层面还不同程度地存在着城乡生产要素交换不平等的问题，有时候甚至是全局性的，加重了"三农"问题复杂性，

严重制约了城乡融合发展。从土地要素看,城乡土地市场相互隔离,农村的土地开发过程中,农民所得补偿较少;从资金要素看,农村地区金融机构吸纳的存款大量流向非农产业和城镇,农民、农业、农村地区企业长期面临抵押物短缺和贷款难等问题;从人才要素来看,虽然农民进城务工提高了收入,但也造成农村人才流失严重,农业发展缺乏人力资源支撑——这些都加剧了我国的城乡二元结构问题,让城乡融合发展更难推动。虽然党和国家着力破除城乡体制障碍,但现阶段仍然存在着一些体制性障碍,阻碍了生产要素的自由流动和平等交换,抑制了市场经济"看不见的手"作用的充分发挥。因此,必须消除阻碍城乡融合的各种制度安排,促进城乡之间劳动力、资本、土地等各类生产要素的自由流动和平等交换,实现"乡村富余要素流得出、城市要素流得进、稀缺要素留得下"的"乡村要素优先"配置目标,进而实现城乡融合发展。

区域经济理论认为,生产要素的区际自由流动是区域和行业要素回报率趋同的前提条件,会促进区域经济发展水平收敛。城乡融合发展需要在破解城乡二元结构、推进城乡生产要素自由流动和平等交换方面取得重大突破。传统的城乡二元结构与城乡融合发展是内在对立的,要实现城乡融合发展,就必须从制度上消除城乡二元结构形成的根源,这自然要求推进城乡生产要素的自由流动和平等交换。要通过完善产权制度和要素市场化配置的改革,着力破除现存户籍、土地、资本、公共服务等体制机制弊端,实现城乡生产要素自由流动和平等交换,实现城乡关系的重大突破。

一、有序推进农业转移人口市民化

农业转移人口市民化滞后既是当前我国城镇化质量不高的主要

原因，也是城乡融合发展的主要制约要素。只有推进农民市民化，才能促进城乡公平发展，实现以人民为中心的新型城镇化发展，进而重塑新的城乡关系。正如习近平总书记指出的那样："我国城镇化正在推进，农民进城还是大趋势。这方面还有很多事情要做，当务之急是让符合条件的农业转移人口在城市落户安居，加快实现基本公共服务常住人口全覆盖。要通过制度保障，让进城的进得放心，让留在农村的留得安心，实现城镇与乡村相得益彰。"[①]"要把乡村振兴战略这篇大文章做好，必须走城乡融合发展之路。我们一开始就没有提城市化，而是提城镇化，目的就是促进城乡融合。要向改革要动力，加快建立健全城乡融合发展体制机制和政策体系。要健全多元投入保障机制，增加对农业农村基础设施建设投入，加快城乡基础设施互联互通，推动人才、土地、资本等要素在城乡间双向流动。要建立健全城乡基本公共服务均等化的体制机制，推动公共服务向农村延伸、社会事业向农村覆盖。要深化户籍制度改革，强化常住人口基本公共服务，维护进城落户农民的土地承包权、宅基地使用权、集体收益分配权，加快农业转移人口市民化。"[②]

因此，要在坚持自愿、分类、有序的基础上，鼓励有条件的农村居民整户转为城镇居民。考虑到目前我国农业转移人口市民化成本具有分层异质性、主体多元性和动态累积性特征，要推动合意的市民化成本分担制度，就要从还权赋能和合理设计分担机制方面入手。

一方面，要建立农业转移人口市民化的成本分担机制。在区分农业人口的跨省份转移和省份内就地转移的基础上，构建政府、企业和个人"三位一体"的成本分担机制，有序推进农业转移人口市民化。可以将政治、经济、社会发展权逐步赋予农业转移人口，可以考虑由

---

① 习近平.论坚持全面深化改革[M].北京:中央文献出版社,2018:397.

② 参见新华网:http://www.xinhuanet.com/politics/2018 - 09/22/c_112347 0956.htm。

国家统筹义务教育阶段的生均经费随农业转移人口迁移,通过政府购买社会职业技能培训,提升专业人口的就业能力。推动中央政府、异地城镇化流入地政府和本地城镇化地方政府采用差异化的公共政策,由政府承担农业转移人口市民化在义务教育、劳动就业、基本养老、基本医疗卫生、保障性住房以及市政设施等方面的公共成本,企业承担落实农民工与城镇职工同工同酬制度,加大职工技能培训投入,依法为农民工缴纳职工养老、医疗、工伤、失业、生育等社会保险费用,此外,农民工自己也要积极参加城镇社会保险、职业教育和技能培训等,并按照规定承担相关费用,提升融入城市社会的能力。[1] 要统筹设计农业转移人口的"城市进入环节、城市融入环节、农村退出环节"的操作性程序,同时要考虑城镇化政策的过渡性和农业转移人口参与市民化成本分担的选择性,以提高公共政策效能。[2]

另一方面,要完善政府主导机制、自愿化转机制、素质提升机制、动能充补机制、城乡融合机制、配套改革机制等多种机制,在进行土地制度创新、户籍制度创新、社会保障制度创新、财政支持制度创新、法律制度创新、其他制度创新等多重创新的基础上,有序推进农业转移人口市民化。

二、健全城乡一体的土地市场

目前我国城乡土地市场在土地产权、土地用途、交易方式、交易价格等方面都体现出明显的二元特征,城乡两个土地市场之间连通

---

① 人民出版社编.国家新型城镇化规划(2014—2020 年)[M].北京:人民出版社,2014.

② 谌新民,周文良.农业转移人口市民化成本分担机制及政策含义[J].华南师范大学学报(社会科学版),2013(5):134-141,209.

不畅。城构建城乡统一土地市场是城乡融合发展的必然选择,重点包括:一是构建城乡土地制度变迁的联动机制。在符合规划和用途管制前提下,允许农村集体经营性建设用地出让、租赁、入股,实行与国有土地同等入市、同权同价;健全集体经营性建设用地入市后的收益分配制度,建立兼顾国家、集体、个人的土地增值收益分配机制,合理提高农民(个人)收益,保障农民的基本权益,统筹高效配置土地资源。二是完善土地要素集聚机制。我国农业面临着全球化的开放竞争,农业生产必须逐渐走出传统的一家一户的经营模式,实现规模扩大和加速转型。同时,城镇化的推进也使得大量土地需要集中经营,从而推动农村土地集约化、规模化经营,这是现代农业集约化经营、规模化生产、机械化作业、产业化发展的必由之路。要完善农村土地"三权"分置,不断探索农村土地集体所有制的有效实现形式,落实集体所有权,稳定农户承包权,放活土地经营权,充分发挥"三权"的各自功能和整体效用,并从承包权中分离出可以流转、抵押、贷款的经营权,使农村土地变为活资本,让农民可以创造性生产、创造性劳动、创造性发展,不断增加财产性收入。这样做既能顺应农民保留土地承包权、流转土地经营权的意愿,又进一步满足了土地流转需要。未来需要从倾向"分"到强调"统",将分散的农户与瞬息万变的市场结合起来,走现代农业道路。鼓励转移农民以转包、出租、互换、转让、入股等适宜形式,实现土地向农业产业化龙头企业、农民专业合作社、经营大户、种田能手集中,推进农业适度规模经营,从而促进农业现代化。同时,探索土地市场的价格市场形成机制,建立城乡统一的建设用地市场。当前,尤其是要积极健全土地信托流转机制,进一步健全土地信托风险及控制定价机制、利益再分配机制,发挥土地信托的财产隔离、金融撮合和现代金融服务管理功能。

大力发展农业生产性服务业。我们应该注意到,对中国这样一个大国来说,小农经济是一个长期事实,"大国小农"仍是基本国情。

分散的土地也承担了社会保障功能,为农民工提供了"安全阀"和"缓冲垫",通过社会化服务来扩大小农的规模,是实现规模效应的重要途径,也为促进小农户和现代农业发展有机衔接提供了重要路径。要用现代服务业理念引领农业发展方式转变和农业生产性服务业发展,发展多元化、多层次、多类型的农业生产性服务。政府要在资金、技术等方面加大对专业化服务组织的扶持力度,培育一支反应快速、执行有力、运转高效的农业生产性服务队伍。可以组建以乡镇、农委为龙头,乡、村、组、个体农业大户为龙身的专业农业生产性服务业组织,对其进行注册登记,持证上岗,定期培训,明确责、权、利关系,开展统防统治,既保证防治质量,也可以扩大服务范围,实现市场容量扩大和规模效益。要充分发挥不同服务主体各自的优势和功能,鼓励各类服务组织加强联合合作,推动服务链条横向扩展和纵向延伸,促进各主体多元互动、功能互补、融合发展。

建立农村宅基地的退出模式及运行机制。目前,农村宅基地用地存在面积超标、建筑容积率低、闲置过多等问题。合理设计和优化农村宅基地的退出模式及运行机制,对实现农村宅基地退出、保护耕地资源、统筹城乡生产生活及生态空间,以及提高建设用地节约集约用地整体水平至关重要,也有利于农民工市民化。为促进农村宅基地的退出,必须要建立合理的激励约束机制,在充分尊重农民意愿前提下,探索农村宅基地的有偿使用和有偿退出制度,探索超标准宅基地处置办法。在坚持农村宅基地集体所有性质不变的前提下,探索扩大农村空置宅基地交易主体、交易范围和交易方式,提升农村空置宅基地交易广度和深度,建立宅基地有偿使用和退出过程中土地收益有效分配机制,探索农房抵押担保转让过程中宅基地占有权和使用权转移方法。宅基地退出机制的建立与运行,离不开相关配套政策的支撑,特别是以下三方面需要做深入探索研究:由地方政府或者专业的金融机构建立类似于城镇土地收购储备制度的农村宅基地收购、储备体系;建立公益性的农村宅基地基金,满足对宅基地实施收购、整理及退出补偿等的巨大资金需求;建立健全"两种产权、一个市场、统一管理"的城乡统一的土地市场体系。①

确保基本农田面积不减少,质量有提高。我国耕地总量不足,在城镇化进程中,很多优质的耕地又被占用,如杭嘉湖地区在历史上是著名的鱼米之乡,也是改革开放后我国经济发展起步比较早的地区,工业化、城镇化水平较高。2018 年发布的《乡村振兴战略规划(2018—2022 年)》提出,要"严守耕地红线,全面落实永久基本农田特殊保护制度,完成永久基本农田控制线划定工作,确保到 2020 年永久基本农田保护面积不低于 15.46 亿亩。大规模推进高标准农田建设,确保到 2022 年建成 10 亿亩高标准农田,所有高标准农田实现统一上图入库,形成完善的管护监督和考核机制。加快将粮食生产功能区和重要农产品生产保护区细化落实到具体地块,实现精准化管理。加强农田水利基础设施建设,实施耕地质量保护和提升行动,到 2022 年农田有效灌溉面积达到 10.4 亿亩,耕地质量平均提升 0.5 个等级(别)以上"②。

赋予农民更多财产权利。赋予农民更多财产权利,是健全城乡融合发展体制机制、推进城乡融合发展的重要内容和要求,也是实现城乡居民财产权利平等的必然要求。城乡居民差异的一个重要方面是农民和市民所享有的财产权利不平等。比如城镇居民对其所购买的房屋具有完整产权,可以对其进行抵押、担保、买卖,可以享受财产增值的收益,而农民对于自己在宅基地上合法建造的房屋却无法享有完整的财产权,不能将其抵押、担保,也不能将其出售给本集体经济组织成员以外的人员,导致农户的承包地、宅基地、住房等资产的

---

① 戴燕燕.上海农村宅基地退出机制研究[J].上海国土资源,2012(1):28-34.

② 参见农业农村部网:http://www.moa.gov.cn/ztzl/xczx/xczxzlgh/201811/t20181129_6163953.htm。

财产权利残缺不全,流动性和变现能力较弱,很难带来财产性收入。赋予农民更多财产权利,是增加农民收入和财富、缩小城乡收入差距的必然要求。

三、健全城乡一体的金融体系

我国金融资源配置存在严重的城乡不平衡,金融资源的城镇导向配置体制,加之农业的弱质性和"三农"问题的复杂性,使得农村与城镇相比,金融资源供给严重不足,必须建立市场与政府扶持相结合的农村金融资源配置体系。

一是加大农村融资体系建设力度。要改变过往以工业化为主要服务对象的金融体系,加快构建适应统筹城乡的金融市场形成机制和发展机制,推进城乡金融相互帮扶、横向协作、优势互补、联动发展,进而构建与城乡融合发展相适应的金融服务体系。应从城乡融合发展的高度出发,将农村融资体系建设置于财政支持框架之内,加大财政对农村贷款贴息、免征农业贷款营业税、设立农村贷款担保基金等的支持力度,有效培育农村金融市场,扩大农村金融覆盖面,提升农村金融服务效率,引导银行等各类金融机构参与农村融资服务,满足城乡融合发展建设差异化的金融需求。通过信用农户、信用村、信用镇建设,推进农村信用体系标准化建设,解决金融机构信贷投入信息不对称、不透明、信息采集成本过高和违约追索成本过高的问题;通过正规金融机构与新型金融组织之间的业务交叉和互助协作,形成功能互补的投入机制。

二是优化对农村金融的扶持机制。对于在县域存贷款比例超过一定比例的金融机构,可以给予一定的激励和惩戒约束;可以对县域农村信用社的存贷款比例给予适当上浮,实行差别性存贷款比例和贷款利率,以更好地满足"三农"资金需求;可适当放宽农村金融机构再贴现的条件,丰富农村金融机构资金来源,调节信贷资金流向。强化金融机构新增存款主要用于当地的机制,增强正规金融机构加大对县域投放资金的压力和内在动力;对于农户信贷、农业贷款,由财政给予贴息,允许其免交全部营业税和所得税,并予以保险扶持,以减少风险;大力支持农业保险发展,建立农业灾害风险分担机制,释放农业金融风险,提高金融机构提供农业金融服务的积极性。

三是完善多渠道筹资机制。政府部门必须从政策上加大对农村金融的扶持力度,尝试建立农村资产流通服务中心,探索农村土地、房屋、宅基地等流转的抵押贷款形式,盘活农村资产,为农村金融改革发展提供支持。

四、建立健全城乡环境政策

生态环境建设是城乡一体化发展的重要内容;城乡生态一体化是城乡一体化发展的内涵所在,是实现城乡统筹又好又快发展的有效保证和重要支撑。目前,我国城乡环境保护存在严重固化的二元结构,必须要统筹城乡环境保护和生态建设,实施城乡生态环境保护和治理工程。要牢固树立和践行"绿水青山就是金山银山"的理念,统筹山水林田湖系统治理,集中解决土壤退化、面源污染、农村点源污染等生态环境突出问题。要建立城乡一体化的生态保护体系、污染治理体系和生态补偿机制,重点探索建立和完善生态环境补偿机制,在综合考虑生态保护成本、保护地发展机会成本和生态服务市场价值的基础上,采取财政转移支付或市场交易等形式,建立生态补偿机制,对生态保护给予合理补偿,使生态保护经济外部性内部化。要完善环境保护长效机制,加强城乡环境监督管理,完善农村生活垃圾处理机制。要完善可持续生产与消费的调节机制，调整与可持续发展战略不相适应的产业发展、消费、能源、价格及税收等政策措施。要完善农业面源污染治理机制，建立面源污染治理的约束机制、激励机制和综合管理机制。

实现农业污染有效治理，必须进行政策创新，采取灵活的、综合运用的政策调控体系，而不是单独使用某一种政策手段。[①] 人们对环境问题的重视和经济的发展，为农业和环境政策的一体化提供了机遇，这对农业政策目标和环境政策目标双方都有益处。必须放弃工业化初期追求农产品产量最大化和过度抽取农业剩余资本的政策目标，将政策目标的支持重点转移到提高农产品质量、增加农民收入和改善生态环境等方面来。[②] 一体化的环境政策要求人们在设计和实施有关社会经济政策的早期就对环境问题加以考虑。由于一体化是一个双向过程，设计和实施环境政策时也应全面考虑它们对社会经济发展的潜在影响。[③] 农业政策可以以一种加强它们对环境的有利影响并减少其不利影响的方式得到设计和实施。成功的一体化要求政策设计者了解农业政策对环境的影响，同时也要了解环境政策对农业政策的影响。一体化的政策工具是一个完整的政策集合，它由一系列相互联系同时又能够组合到一块并交互发挥作用的法律法规、计划、方案、措施等组成。准确把握这些政策工具对政策目标的影响以及它们之间的相互作用，是成功设计一体化政策的基础。具体来讲，主要包括以下五个方面。

第一，组织的一体化。最理想的模式是建立综合性的管理机构来负责政策的设计和部门之间的协调，将环境保护的要求渗透到产

---

① 邱君.中国农业污染治理的政策分析[D].北京:中国农业科学院,2007.

② 马晓河.解决"三农"问题的战略思路与政策措施[J].农业经济问题,2003(2):8-12,79.

③ 万劲波.农业环境保护与环境政策一体化[J].世界农业,2000(8):35-36.

业政策、价格政策、财税政策、贸易政策等经济发展政策的设计和执行之中。农业部门、环境部门及其他相关部门政策设计者要充分考虑并接受其政策对所有其他部门的目标的影响的责任。在不断加强县级环境管理机构建设的同时，建议在各乡镇设置环保机构，并垂直受到上一级环境保护机构的管辖、监督，并赋予其相应的职责和权限。同时，积极培育农村民间环境保护组织，促使其发挥自我教育、自我管理、自我监督以及监督政府和其他环境行为主体的职能。最需要建立的就是农业面源污染的综合协调机构，以实现农业、环保、水利、国土资源等多个部门的共同参与，突破单一的职能部门权责限制，促进环境管理协同能力的增强，提高管理效率，提升管理深度和广度。①

第二，研究、推广和咨询工具。农业活动充满了风险和不确定性，导致农民使用过多的化肥和农药等生产资料，以尽量减少病虫害等的风险来获得最大的产量。政府可以借助相关研究，更有效地提供推广和咨询服务，以实现农业目标和环境目标的统一。例如通过加强对控释氮肥的研究，来推广对环境更友好的控释氮肥；通过培训农民，使他们获得相关科学的生产管理知识；通过提供农业技术服务，鼓励农民只使用实现最大利润所需要的化肥施用量；通过加大宣教力度，鼓励公众参与环境保护宣传教育，强化农民的环保意识，使农民获得相应的环保知识，使农民自觉、自愿地采取有利于环保的农业生产方式和进行有利于环保的农业实践活动。如：提供病虫害预报和病虫害的准确信息，将有利于农民采取更有效的病虫害综合治理策略；提供土壤质量和作物生长方面的知识，将有助于农民更合理地进行施肥等。

---

① 李远，王晓霞.我国农业面源污染的环境管理：背景及演变[J].环境保护，2005(4):23,27.

第三,政府和农民共同分担费用。政府和农民共同分担费用,可以鼓励农民保护生态环境和自然资源。实践证明,当经济鼓励工具被用于鼓励农民进行维护和改善环境的活动时,效果特别明显。具体而言,较高的价格会促进生产集约化程度的提高,且投入品使用得越多,相应地,污染环境的风险也越大。所以,减少农业环境污染,可以通过提高价格来提升农业的集约化程度,把农业部门置于市场压力下,这将建立起一个更有效率的农业部门,反过来减轻对环境的压力,并对农民的保护性耕作给予成本分担。比如,可以为分散化的家禽养殖场提供畜禽粪尿贮放,为处理设施提供部分补贴,对亲环境技术和生产方式的使用以及绿色农产品进行补贴。费用-效益分析和费用有效性分析是实现农业与环境政策一体化的有效机制。2005 年 1 月 26 日,欧盟在卢森堡就欧盟农业政策改革达成协议,内容包括取消将农业补贴与农产品产量挂钩的做法,将农业补贴额度与环保和食品安全等标准挂钩,并向农民提供一次性补贴。英国也已从 2005 年 4 月开始,对农民保护环境性经营给予补贴,与欧盟的农业政策改革相呼应。

第四,法规手段。建立健全农业面源污染控制法律法规体系,包括就化肥和农药确立化学标准,对存在潜在污染的农业活动进行限制,对不良农业活动进行禁止,对在某些高度易侵蚀的土壤的耕作活动进行禁止,对某些活动发放许可证,用法规来约束和规范农业生产活动中人的行为。可以引入国外的"交叉承诺"制度,即农民获得国家各项补贴需要满足一系列预先指定的土地使用规定的要求。这样可以更好地调整各种社会关系,更好地保护农业生态环境。

第五,因地制宜地调整环境与社会经济关系。农业生产和环境影响依赖于当地具体的环境特征,由于我国不同地区生态环境和农业生产的差异较大,不同地区的经济社会发展水平不一致,同一项环境政策在不同区域的实施效果会产生明显的差异,因此,调整和完善环境政策时要准确掌握特定地区的生产数据与环境数据，因地制宜地调整环境与社会经济关系。[①]

农业生产一方面会改善环境，另一方面也会给环境带来负面影响，在设计和实施农业政策的时候必须对环境问题加以充分考虑。环境政策也会给农业生产活动带来正面的或者负面的影响，因此在设计和实施环境政策的时候也必须全面考虑它们对农业产量、农民收入以及粮食产量、粮食价格的潜在影响。政策决策者必须在农业污染控制、粮食安全和农民收入之间寻找平衡点，实施农业环境一体化政策。

我们可以通过以下手段来实现农业环境政策的协调发展：改善制度安排，强化与农业投入品的使用有关的规定，加强咨询和推广服务，修改与产品标准有关的规定，实施环境成本分担以及加强监测和研究活动。加强对土地资源的节约集约利用，加快城镇污水和垃圾集中处理设施建设，探索合理的后期运转扶持机制，深入开展美好乡村、生态示范村镇、绿色生态社区等创建活动，倡导落实绿色生产生活方式，把治理污染与培育新产业有机结合起来，进一步优化农村生态环境，实现绿色发展、可持续发展。

五、健全城乡一体化的科技服务支撑机制

科技服务体系是科技成果转化为生产力的桥梁和纽带，是推动城乡经济发展的主导力量。完善科技服务体系，尤其是农业、农村科技体系，对充分发挥科技在城乡一体化过程中的引领和支撑作用具

---

① Sexton S E，Zhen L，Zilberman D. The Economics of Pesticides and Pest Control[J]. International Review of Environmental and Resource Economics，2007(1)：271－326

有重要意义。目前,我国科技服务体系尤其是农业科技服务体系建设在管理体制、调动社会力量等方面仍存在不足,难以满足城乡一体化发展需求。有必要构建城乡一体化的科技支撑和人才保障机制,强化科技成果转化机制、科研与生产紧密结合机制,探索公益性职能与经营性服务分类管理的办法,培育多元化的技术推广服务体系,完善农技推广的社会化服务机制。同时,加快信息化进程,建立资源共享、高效实用的城乡一体化信息网络平台,让先进的科学技术渗透、覆盖到农业生产的各个领域,让科技成为城乡一体化发展的强大动力。

第三节　促进城乡公共资源均衡配置

农村在基础设施、公共服务、社会治理等方面与城镇的差距相当大。"根据第三次全国农业普查,2016 年全国农村有 46.2％的家庭仍在使用普通旱厕,82.6％的村生活污水未得到集中处理,74.9％的村没有电子商务配送站点,67.7％的村没有幼儿园、托儿所。农村居民领取的养老金水平仅约为城镇职工养老金平均水平的 5％,农村低保标准仅为城市低保平均标准的 66％。"①公共资源的不均衡配置造成了城镇和乡村在基础设施建设、教育、卫生、社会保障上存在较大的差距,而且越是在偏远、贫穷的农村地区,基本条件相对越差,这个问

---

① 参见农业农村部网站：http://www.moa.gov.cn/ztzl/xjpgysngzzyls/zyll/202105/t20210521_6368113.htm。

题如果长期得不到解决，就会造成城乡之间的差距越来越大，使城乡发展走向两极化，广大农村地区居民的生活需要将长期无法得到保障和满足。

一、健全以城带乡联动发展利益共享的机制

由于城乡二元的经济社会体制的累积效应，我国农村基本公共服务水平相对城镇来说还比较低。为此，需要健全以城带乡联动发展利益共享的机制，继续加强农村尤其是村庄内部的基础设施建设，加快农村社会事业发展，健全农村基本公共服务制度有效供给的新框架，逐步提高农村基本公共服务的标准和保障水平，扩大其保障范围，着力在城乡规划、基础设施、公共服务等方面推进一体化。当前，应该把基础设施建设和社会事业发展的重点转向农村，强化各级政府在农村基本公共品供给中的支出责任。在教育、医疗、养老等重点领域推动形成城乡基本公共服务一体化，建立农村公共服务保障水平与财政支出增速、经济发展速度等挂钩的增长机制。进一步优化村庄布局，加快推进改水、改线、改厕等工作，统一城乡垃圾收集、转运和处理，加大对农村生态环境的修复力度，形成城乡和谐的生产环境和人居环境。

二、健全公共服务城乡均衡配置机制

要以均衡普惠为导向，改变重城轻乡的资源分配政策，推动公共服务向农村延伸、社会事业向农村覆盖，实现城乡基本公共服务全员覆盖、标准统一、制度并轨，切实增强城乡居民获得感。正如习

近平总书记指出的:"经过多年努力,我们已基本改变了农民的事农民办的做法,基本建立了覆盖全国的免费义务教育制度、新型农村合作医疗制度、农村最低生活保障制度、新型农村社会养老保险制度,在制度上实现了从无到有的历史性转变。下一步,要不断提高农村基本公共服务的标准和水平,实现从有到好的转变,逐步推进城乡基本公共服务均等化。"①"现阶段,城乡差距大最直观的是基础设施和公共服务差距大。农业农村优先发展,要体现在公共资源配置上。要把公共基础设施建设的重点放在农村,推进城乡基础设施共建共享、互联互通,推动农村基础设施建设提档升级,特别是加快道路、农田水利、水利设施建设,完善管护运行机制。要加快推动公共服务下乡,逐步建立健全全民覆盖、普惠共享、城乡一体的基本公共服务体系。要优先发展农村教育事业,加快建立以城带乡、整体推进、城乡一体、均衡发展的义务教育发展机制,努力让每一个农村孩子都能享受公平而有质量的教育。要统筹配置城乡教师资源,通过稳步提高待遇等措施,增强乡村教师岗位的吸引力和自豪感。要用好网络信息技术,发展远程教育,推动优质教育资源城乡共享。要健全农村基层医疗卫生服务体系,开展全民健身,倡导科学生活方式,推进健康乡村建设。要完善统一的城乡居民基本医疗保险制度和大病保险制度,完善城乡居民基本养老保险制度,完善农村最低生活保障制度,统筹城乡救助体系,织密兜牢困难群众基本生活的安全网。要健全农村留守儿童和妇女、老年人关爱服务体系。要把那些农民最关心最直接最现实的利益问题,一件一件找出来、解决好,不开空头支票,让农民的获得感、幸福感、安全感更加充实、更有保障、更可持续。"②城乡融合发展要注重完善乡村基础设施建设,推进城镇道

①　参见农业农村部网站:http://www.moa.gov.cn/ztzl/xjpgysngzzyls/zyll/202105/t20210521_6368113.htm。

②　习近平.论坚持全面深化改革[M].北京:中央文献出版社 2018:396-397.

路、信息、网络、电力等基础投入向农村延展，以及文化、教育、医疗、卫生服务等公共服务的城乡均等化发展，实现城乡发展的无缝对接。

　　基础设施是城乡一体化发展的前提和保障，只有坚持城乡基础设施共建联通联网，加快推进公共服务向农村延伸，做到基本公共服务在城乡之间的均衡配置，才能实现农村与城市对接。要通过政府和市场这两只手，实现生产要素在区域和城乡的均衡配置，基于农村、农业落后的现实和农业劳动生产率相对低下的现状，必须实现各级政府公共财政向农村的转移支付倾斜，转移支付可以依托小城镇这一空间载体，从而更多地、更好地、更有效率地服务农村地区。要加快建设覆盖城乡的基础设施网络体系，抓好供水、供电、学校、医院、排污、通信、垃圾处理站等重要硬件的规划布局配套建设，继续加大乡村公路、乡际公路建设力度，加大实施村村通工程的力度，有效推进城乡交通一体化。要深入实施城乡教育联动发展计划，加大农村义务教育阶段经费投入力度，加强农村教育基础设施建设，强化农村学校师资保障力度，优化农村师资力量，缩小城乡教育资源配置软、硬件方面的差距，促进城乡教育均衡发展。要建设城乡一体化的公共文化、公共卫生、医疗服务体系。

　　目前，我国农村留守儿童的数量庞大，并呈不断增加的趋势。联合国儿童基金会测算，2015 年，我国农村留守儿童规模为 4051 万人。[1] 而当前，一个政府主导、部门联动、学校主抓、家庭尽责、社会参与的留守儿童社会支持体系还未形成，使得我国留守儿童的教育公平难以实现。[2] 农村留守儿童是我国未来发展的重要劳动力资源，忽视这部分人的存在会带来普遍性社会问题。因而，将农村留守儿童

---

[1]　参见联合国儿童基金会网站：https://www.unicef.cn/reports/population-status-children-china-2015。

[2]　周爱民，王亚.留守儿童教育公平问题及其治理对策[J].湖南社会科学，2021(3)：146 - 154.

和农民工随迁子女义务教育纳入各级政府教育发展规划与财政保障范畴,保障农民工随迁子女以公办学校为主接受义务教育,提高其受教育程度,也是公共资源均衡配置的重要内容。

三、完善农村公共产品供给机制

统筹推进城乡规划以及交通、水利、电力、电信、环保等重大基础设施一体化建设,促进城乡基础设施供给走向平衡,建立健全城乡统一的就业与社会保障制度。进一步完善农民公共产品的需求表达机制、利益共享机制、财政倾斜机制、政策保障机制。根据收费可能性、社会公平、资源配置效率三个判断准则,在政府、私人、民间组织中科学判断不同农村公共产品的不同供给主体,鼓励非政府供给主体提供农村公共产品。[①] 强化地方政府的社会管理和公共服务职能,完善"一事一议"制度,提高普通群众的参与程度和参与热情,提高农村社区合作供给的决策效率;全面推进政务公开,保证政府工作的透明度和农民的知情权,通过政府与农民之间的信息互动来提高政府的反应能力、服务能力和服务效率;加快完善转移支付办法,提高农村基层政府的可支配财力。

四、完善城乡公共资源均衡配置的财政体制

2006 年,中央决定在全国范围内免除农业税,这一政策在减轻

---

① 李圣军,涂圣伟.完善农村公共产品供给机制的 11 条建议[J].重庆社会科学,2012(4):114－115.

农民负担的同时，也使得基层政权实现了从"汲取"向"悬浮"的转变。农业农村部的数据表明，截至 2016 年底，在统计的 55.9 万个村中：村集体没有经营收益或经营收益在 5 万元以下的村有 41.8 万个，占总村数的 74.9％；经营收益在 5 万元以上的村有 14.0 万个，占总村数的 25.1％。① 由于缺少资源，不少农村集体经济组织处于松散或半松散状态，收入常年只有几万元或几千元，有的甚至资不抵债，集体经济"统"的功能几近丧失或陷入停滞状态。部分村庄既无可经营性资源又无可开发项目，吸引不来资本，从而导致集体经济长期无经营性收入甚至负债累累，成为所谓的"空壳村"。如何进一步发挥统分结合双层经营体制的优越性，加大农村公共资源配置力度，通过改革激活、提高农村各类资源和要素的配置与利用效率是一道现实难题，我们建议可从以下几方面入手。

一是建立多层次投入保障长效机制。构建科学、规范、正向激励的多层次财政投入机制，着重推进城乡公共财政投入体制机制创新，扩大公共财政对农村公共物品供给的覆盖范围，优化财政投入结构，提高财政对城乡公共产品及公益性事业的保障能力。切实改善农村生产生活条件，让农村的产业能留人，让农村的环境能留人，让留在农村的人口能够安居乐业。

二是完善多渠道筹资有效机制。综合运用税收、参股、贴息、担保等手段，科学编制城乡经济发展产业项目规划，撬动更多的民间资本、工商资本介入城乡融合发展建设。

三是完善财政资金使用管理机制。针对目前支农资金政出多门，资金使用比较分散，未能形成合力，发挥应有效益的情况，建议：统一整合支农资金，加强财政支农资金整合的预算管理，调整财政支

---

① 参见中国农村网：http://journal.crnews.net/ncjygl/2017n/d8q/njtj/69904_20170 817114234.html。

出渠道和项目,大力推行国库集中支付制度;适当归并设置支农资金,突出财政支农资金的公共性,优化各项支农资金的使用效果,提升各类资金的使用效益。

五、统筹城乡基础设施布局和建设

加强基础设施的共享和衔接,推动城乡基础设施互联互通,核定水电气等能耗要素接入成本,降低报装费用。推动城镇交通、通信、供水、供电、供气、垃圾处理、污水处理等基础设施向农村延伸,促进城乡基础设施互联互通、共建共享,做好城乡生活垃圾无害化处理。创新农村基础设施和公共服务设施决策、投入、建设和运行管护机制,健全农村基础设施投入长效机制。推动城市公交向周边延伸,发展镇村公交,改善农村地区基本出行条件。围绕农村出行和乡村旅游,补齐一批"末梢路",打通一批"循环路",深入推进"四好农村路"建设,加快实施通村组硬化路建设。加快新一轮农村电网建设和改造,深入实施"气化乡镇"工程。持续推进农村饮水安全巩固提升工程,解决农村居民饮用水安全问题。尤其是要加快农村地区道路、水利、电网、通信等基础设施建设,促进城乡基础设施互联互通、共建共享,为农民致富增收提供基础设施保障。完善农村配电网和农业生产配套供电设施,提升农村供电可靠性和供电能力,逐步实现城乡供电均等化。优化农村能源生产和消费结构,推动天然气管网由县城向乡镇、农村社区延伸。村级公共服务供给的规划设计不能实行一刀切,对于一些偏远村社的公共服务,应该加大公共产品供给力度,如学校、卫生室、公共书屋、农资超市、幼儿园等,提高农村的公共服务水平,方便群众。对于临近市镇的村社就没有必要建设学校、卫生室等,要把有限的资金用到村民最需要的地方,提高资源利用效率。

第四节　促进城乡行政管理一体化

习近平总书记指出:"农村现代化既包括'物'的现代化,也包括'人'的现代化,还包括乡村治理体系和治理能力的现代化。我们要坚持农业现代化和农村现代化一体设计、一并推进,实现农业大国向农业强国跨越。"①长期以来,尽管我国基层组织的环境治理能力和治理水平已经得到较大提升,但仍然有很多村级组织缺少相应的开展工作的社会基础和群众基础,同时我国政府的行政管理体制以城镇工作为中心,以城镇建设与市政管理为重心。城乡基本实行分开管理,政府除农口部门外,其他部门对农业农村工作的职责不明确、支持不到位,农村公共产品供给主体不明确,农业农村工作在政绩评价体系中不受重视,乡镇政府实际上处于一种责任大、权力小、效率低的被动施政状态。农村村级组织的治理思路悬浮于整个村庄之上,村组织价值悬浮化、平台悬浮化、活动悬浮化、机制悬浮化等治理"脱嵌"问题仍然存在,这些进一步强化了我国的城乡分割。需要发挥社会主义制度优势,全面提升我国农村基层治理的能力和水平,为"中国之治"提供强有力的支撑。

习近平总书记在党的十九大报告中明确提出了要"打造共建共治共享的社会治理格局",同时强调要"加强社区治理体系建设,推动

---

① 参见农业农村部网站:http://www.moa.gov.cn/ztzl/xjpgysngzzyls/zyll/202105/t20210521_6368113.htm。

社会治理重心向基层下移,发挥社会组织作用,实现政府治理和社会调节、居民自治良性互动"。

创新城乡政府管理体制。转变政府职能,构建服务城乡的公共服务型政府,提高政府服务城乡融合发展的综合能力。要建立各层级政府间的职责分工机制、部门协调机制和农业农村工作的考核评价机制。同时,改革市管县的单级、点状、分割、独立的行政管理体制,全面重构新型行政管理体制,尤其是要理顺各部门统筹城乡发展的职能权责,调整政府财政预算支出的结构和比例,将农业、农村、农民工作纳入各部门的日常工作职责范畴,形成完善的农村工作行政网络,优化农业农村工作长效机制和工作考评机制,从而加快县域经济和小城镇发展。

特别是要提高农村社会治理水平。村民是乡村的"灵魂",乡村治理不仅仅是村干部的事情,应当充分调动村民的积极性,村民的参与是成本最低、效率最高的乡村治理形式。具体而言,应坚持村民主体地位,从他们是乡村治理的最大受益者角度激发他们的内生动力,鼓励他们关注村务、积极参与村务治理;在治理实践中引导村民对乡村发展、治理进行理性思考,不断增强村民的强化认同感和归属感,提高参与治理的意愿和能力,让村民真正融入乡村治理。

加快推进基层治理转型。要发挥农村基层党组织的战斗堡垒作用,我国"三农"工作取得的一系列成就,是党中央带领广大农民改革发展的结果,也是与农村基层党组织充分发挥领导核心作用密不可分的,农村基层党组织是党在农村工作的基础,是贯彻落实党的方针政策、推进农村改革发展的战斗堡垒,是领导农民群众建设社会主义新农村的核心力量。实践证明,只有始终坚持和不断巩固农村基层党组织的领导核心地位,才能形成城乡融合的正确方向和强大正能量。要全面破除城乡二元社会管理体制,消除区域社会治理方式与社会现实之间的错位，以城镇社会的治理方式来治理整个区域，形成以城镇为蓝底的社会管理体系。加快镇改街道和村改社区步伐，以城镇型政区取代地域型政区，实现社会经济管理与运行机制的一体化，促进城乡分治向城乡合治发展；实行城乡统一的社会福利与社会保障制度，从福利保障、社区治理、城乡文化融合的角度进一步推动城乡融合发展。尤其要从组织、人才、资源和服务等方面加大对村一级的支持力度，使基层组织拥有为群众提供服务的资源和能力，实现事权和财权的匹配。深入贯彻新时代党建要求，选优配强村两委班子。加大干部培育力度，提高基层干部经济待遇和政治待遇。突出导向作用，建立正向的激励机制，对成绩突出、考核优秀的想干事、能干事、干成事的基层党员干部要重点培养，全面营造"改革正当时舍我其谁，干事创业有为就有位"的浓厚氛围。围绕乡村振兴，创新思路和工作模式，持续整顿软弱涣散村党组织，充分发挥党员在乡村治理中的先锋模范带头作用。同时，发挥乡贤、退伍军人、老党员、农村能人等优质资源的积极性和主动性，发挥党组织总揽全局、协调各方的作用，培育基层治理人才，使之成为助推"自治、法治和德治"三治融合的重要力量。

以疫情防控为契机，趁势推动农村治理的信息化。在新冠肺炎疫情防控过程中，网上疫情信息发布、在线寻医诊疗、网上捐赠救济、农产品网上销售等信息化空间的构建，大大减少了疫情扩散的风险，提高了信息的传输速度和质量。未来，应该在此基础上根据各地农村工作的实际需要，进一步开发一些软件或小程序，提升基层治理效率。加快推进与农业生产相关的信息化技术应用，推进种植信息化、畜禽养殖信息化、水产养殖信息化、农产品电子商务信息化、农产品物流信息化、农产品质量监管信息化和农村社会管理服务信息化，将信息技术应用到农业生产经营、农村经济发展和农民群众生活的各个领域。

第五节　促进城乡产业融合发展

加快产业发展是深入推进城乡融合发展的重要支撑。产业是城乡融合发展的根本动力和不竭源泉，没有产业支撑，城镇将失去发展活力和生命力。城乡产业协调发展既是城乡融合发展的基础，又是城乡融合发展的表现。

在农村产业的选择上，应瞄准现代产业的发展趋势，把握现代产业发展规律，大力发展高效生态农业和特色农业，积极发展第二产业，重点发展第三产业，努力走出一条以第一产业为基础，第二产业为中心，第三产业为引领，三次产业融合、协调发展、有机融合的新路子，积极培育发展农业农村新产业新业态，推动各类生产要素跨界配置。

一、健全城乡产业布局优化机制

围绕区域功能定位，充分发挥城乡各自比较优势，调整优化城乡产业布局，引导生产企业向园区聚集，龙头企业向农户辐射，服务业向生产生活靠拢。

第一，重视城乡产业规划。要从整体规划上明确各区域差异化的主体功能定位，合理确定基本农田保护区、工贸区、生活休闲区、生态涵养区等，使城乡产业发展优势互补、相互衔接，从城乡之间的内在联系合理规划城乡布局、生产力布局、要素和人口布局，实现城乡资源的统筹安排和利用，做到城乡产业规划一体化。

第二，促进城乡产业的交融性。要促进城乡产业不断融合、协调发展，打造城与乡、工与农之间的产业链，使得城乡产业之间形成经济上的互补和交融（包括要素互补、产业互补、互为市场、互相服务），将城乡经济发展纳入同一轨道。

第三，促进城乡产业的互补性。协调城乡产业分工，优化城乡产业布局。

二、健全农业产业提升机制

农业现代化的过程就是传统农业向现代农业转变的动态演进过程，是提升农业产业层次、农业生产效率、农业科技水平的重要方式。农业具有天然的弱质性特征，农业补贴就成为弥补农业弱质性缺陷的重要财政政策工具，也是提高农民收入的重要途径。加大对农业的支持力度，要构建起以提质为导向、符合农业发展阶段转换要求的农业支持政策体系。从实际情况和综合国力来看，我国尚不具备全面、大规模补贴支持农业的能力，因此，需要在提高支持政策效能上下功夫，提高农业支持政策的精准性，形成"谁种补谁"、"多种多补、不种不补"的机制。在稳定基本农业生产的同时，新增的补贴和支持手段要向产业链前端的科研和产业链后端的加工等环节覆盖。与发达国家相比，我国农业补贴的黄箱政策支持还有一定空间，绿箱政策利用还很不充分，因此要推进黄箱政策向绿箱政策适时转换，扩大绿箱支持政策实施规模和范围，强化耕地地力保护、农业科研、自然灾害救助、环境保护、农业基础设施建设等的支持力度。[①]

大力培育农村区域的主导产业、龙头企业、拳头产品，推进三次产业融合发展，加快构建主业突出、专业配套、多元支撑的产业格局。逐步建立农产品生产、加工和流通等环节连成一体、协调运转的农业产业体系，并且在此基础上带领农民有组织走向市场，提升农业产业化水平。如果农业产业能够改变自身较为弱势的经济与市场地位，广大农民和乡村在收入分配中的弱势地位也将得到改变。要积极培育新型农业经营主体，以突破长期以来"过密化"农业的低水平增长陷阱。要对农机大户、种粮大户和农机服务组织购置大中型农机具，给予信贷支持，加快推进农业机械化。要大力发展农业生产性服务业，通过贴息补助、投资参股和税收优惠等政策，提高农业生产的组织化程度。加大对农业龙头企业的扶持力度，有效解决农户分散经营与大市场的连接问题；大力发展农民专业合作经济组织，有效消除市场、企业、农户之间的矛盾；鼓励各类金融机构加大对龙头企业的信贷支持，扶持壮大龙头企业，提升市场竞争力和科技含量，培育知名品牌。与此同时，要鼓励农民和社会力量投资现代农业，使现代生产要素得以汇集到农业，实现对传统农业的改造。

推动农业生产效率的提升和组织化程度的变革。通过强化市场机制的决定性作用，改善供给侧环境，优化供给侧机制；加大农村土地形式多样的规模化经营，提高规模效益，加大对家庭农场、专业大户、农民合作社、农业龙头企业、"新农民"等新型经营主体的培育力度，加大对资本下乡的扶持力度，推动农地适度规模和专业化经营以改善规模经济与分工经济，通过经营规模化、生产标准化、营销品牌化，促进农业现代化发展，围绕农业农村新平台、新主体、新模式、新

---

① 涂圣伟.城乡融合发展的战略导向与实现路径[J].宏观经济研究,2020(4)：103－116.

品牌发力。形成有效的中间主体进行投资和迂回交易的组织机制[1]，推动从小而全且分散的封闭小农经济体系全面转轨，由增产导向转向提质导向。

推动农产品供给的优质化、绿色化、品牌化发展。以市场需求为导向，适应消费升级趋势，发展绿色高附加值农业，减少低端无效供给，增加中高端供给，重点生产销路好、品质高、市场缺的优质农产品；大力发展资源节约型、环境友好型农业，发展深层次农业，通过加强技术创新和实行绿色农业生产标准，推行绿色种养、生态循环等绿色生产方式，实现资源永续利用、生产生态协调发展；通过将乡村特色资源转化为产业、产品优势，推动形成"一村一品"、"一县一业"的乡村产业发展格局，实现差异化竞争和错位发展。

围绕提升价值链、延伸产业链、打造供应链做文章。纵向上，以相关利益联结机制为纽带，构建多主体参与的分工与合作机制，让普通农户和新型经营主体形成共担风险、互利共赢的利益共同体，以工业与服务业延伸农业产业链、以生产要素融合及发展理念契合等为路径，加快构建生产、加工、物流、营销一体化发展新格局，做强一产、做优二产、做活三产，推动第一、二、三产业深度融合发展，打造城乡一体的贸易平台，促进农村零售网络与城市流通系统整合，全面提升农业综合素质、效益、竞争力，改革利益分配机制，让农民有机会分享更多的产业链增值收益。横向上，要大力拓展农业的多功能性，发展乡村旅游、休闲农业、"互联网＋"等现代乡村产业。我国是传统的农耕文明古国，乡村是国人传统文化的根源，传统的社会制度及文化形态都是为适应农耕文化而存在。乡村文化形式丰富多元，包罗万象，为发展乡村旅游、文化旅游、特色农业、创意产业等提供了原动力，应

---

① 罗必良.中国农业经营制度：立场、线索与取向[J].农林经济管理学报，2020（3）：261－270.

该用商业化思维发展农村经济,发现挖掘农村的"第一天性",做到一村一景、一村一特、村景相连,让美丽乡村成为当地一张亮丽的名片,把"美丽环境"变成"美丽经济"。加快培育农村新产业、新业态、新模式,让农村不仅成为居住的空间,更成为集旅游、服务和创业于一体的空间。凸显农业农村的经济价值、生态价值、美学价值,把乡村打造成为大都市的后花园,将乡村建设成为充满活力、令人向往的"诗和远方",让珍视乡村、回归乡村、建设乡村成为新潮流。探索特色化差异化发展模式,把更多的产业链增值收益留给农民。发挥和激活农民的积极性与主动性,让农民真正参与,与乡村共成长,从而全面提高农民的收入水平,使得农民的收入和其他产业从业者的收入差距进一步缩小。以创新农业经营体系、健全农业社会化服务体系为纽带,大力发展农业生产性服务业,为农业经营主体提供产业化、专业化、社会化的服务[①],促进农业的全环节升级、全链条升值。为乡村创新创业营造良好的环境,鼓励各类人才、各类资本返乡下乡创新创业。同时,重视科技创新、模式创新以及人才培养。

四、创新小城镇产业引入机制

到 2020 年底,全国常住人口城镇化率达 63.89%,县级行政区划数量众多,但我国大部分城镇尤其是中西部城镇普遍存在着产业规模小、基础设施薄弱、技术创新能力弱、综合承载能力不足的问题。因此,在新的历史时期,需要:把城乡产业发展放到同等重要的位置上,把握城乡产业发展规律和融合趋势,加大落后地区产业发展投入

---

① 　杨曙辉,宋天庆,陈怀军,等.工业化与城镇化对农业现代化建设的影响[J].中国人口•资源与环境,2012(S1):398-403.

和扶持力度;通过市场机制,引导各类资本采用多种方式参与小城镇供水、道路、绿化等基础设施、产业园区、社会事业项目建设;引导各地把更多的一般制造业的发展空间让渡给小城镇,从而为城乡一体化发展创造载体,为农民就地就近创业就业创造条件。

位于不同区域的小城镇要采取差异化的发展战略。要根据不同城镇的要素条件、区位特点、市场环境及历史传统,选择具有市场竞争优势、产业链关联度高、代表区域特色的产业作为主导产业,突出产业集聚,形成具有区域竞争力的产业集群,用政策引导小城镇的企业提高技术创新能力,通过企业间的合作获取技术外溢效应,提高其生产工艺及产品质量,从而提升市场竞争力。

五、健全差异化的区域经济发展机制

区域性差异决定了各区域在城乡融合发展过程中的主要任务、政策着力点的差别,必须对城乡融合发展的政策机制进行差异化设计,从而提高实施效率。

根据前面的分析,对城乡分离发展阶段的区域而言,城乡一体化发展的重点是培育城镇产业体系,培育、激活市场主体,构建新型工业化推进机制,推进工业化和城镇化进程,提升城镇对农村的带动能力。努力扩大招商引资,拓展项目和投资来源;发展基于资源禀赋的特色产业,建立健全的产业体系;完善城镇基础设施建设,在城镇自身发展的基础上,发挥城镇对农村地区的辐射带动效应,为农业现代化、农村工业化创造条件。

对处于城乡互动发展阶段的区域而言,城乡一体化发展的重点是在进一步发展城镇工业、服务业的基础上,采用行政手段和市场手段相结合的方式,加强对农村产业的财税、金融支持,使农村发展速度赶上并超过城镇。通过土地流转、连片整理等方式,提高农业机械化、经营产业化、服务社会化水平,提高农民承包经营土地的集中度、流动性和财富性;重点实施近郊农村城镇化、农民就地城镇化,实现近郊农村自然对接城镇公共服务和基础设施。

对处于城乡统筹发展阶段的区域而言,城乡一体化发展的重点是充分发挥市场在资源配置中的基础作用。加强土地、劳动力、资本、技术等生产要素市场建设;实现城乡规划、产业发展、基础设施、公共服务等一体化,促进城乡生产要素的自由流动,把城镇发展的成果更好地惠及农村居民。强化城乡规划一体化,形成健全的现代村镇体系;推动产业结构优化转型,实现产业区域化、一体化、差异化发展;坚持基础设施先行,实现城乡基础设施均衡化;加强城乡一体规划,将城镇的基础设施和公共服务向乡村延伸。

对处于城乡融合发展阶段的区域而言,城乡融合发展的重点是全面破解城乡二元社会管理体制,纠正区域社会治理方式与社会现实之间的错位,以城镇社会的治理方式来治理整个区域,形成以城镇为蓝底的社会管理体系。

第六节　推进各种形式的城镇化

　　城镇化的快速推进是推动我国乡村社会的转型与重构的最重要力量。新型城镇化不是城镇的单方面发展，而是城乡之间的均衡协同发展，市场驱动、要素配置以及增值之后的财政资源注入形成驱动农村经济发展的动力源泉，进而形成城乡之间产业融合、空间交错、相互协同、融合发展的新型关联关系。①

　　城乡一体化机制符合唯物史观关于城镇化发展规律的观点。恩格斯曾指出："以往的历史总是像一种自然过程一样地进行，而且实质上也是服从于同一运动规律的。"②我国的城镇化发展同样有必须遵循的客观规律。大力推进新型城镇化，实现城乡一体化，是社会经济发展的客观要求。2014 年 3 月公布的《国家新型城镇化规划（2014—2020 年）》指出："根据世界城镇化发展普遍规律，我国仍处于城镇化率 30％—70％ 的快速发展区间，但延续过去传统粗放的城镇化模式，会带来产业升级缓慢、资源环境恶化、社会矛盾增多等诸多风险，可能落入'中等收入陷阱'，进而影响现代化进程。"十八大以来，以习近平同志为代表的党中央多次强调，推进城镇化建设不能以牺牲农业和粮食、生态和环境为代价，要着眼农民，涵盖农村，实现城乡

---

①　高帆.新型城镇化的三重内涵及其实现机制[J].社会治理，2020(11)：27 - 30.

②　马克思，恩格斯.马克思恩格斯选集：第四卷[M].北京：人民出版社，1995：477.

基础设施一体化和公共服务均等化,促进经济社会发展,实现共同富裕。城镇化的发展要义就是要形成以工促农、以城带乡、工农互惠、城乡一体的新型工农城乡关系,让广大农民平等参与现代化进程、共同分享现代化成果。

　　城镇化发展是城乡发展进程的重要推力。新型城镇化和乡村振兴作为新时代背景下为调整城乡关系而相继提出的两大国家战略,两者之间有千丝万缕的联系,既有差别,又有交叠,乡村振兴与新型城镇化如"鸟之双翼、车之双轮",本质上是相辅相成、互联互动的关系。两者实质都是为了满足人民日益增长的美好生活需要。协同推进新型城镇化和乡村振兴战略将持续释放城乡生产生活消费、就业保障、基础设施和公共服务等需求潜力,有助于开拓城乡消费市场,畅通城乡之间的经济循环。正如习近平总书记强调的,"要继续推进新农村建设,使之与新型城镇化协调发展、互惠一体,形成双轮驱动"①。城乡一体化是我国最大的改革红利。城镇的星罗棋布是农村经济增长的有力依托。城镇可以把大中城市与广大农村连接起来,有效地提高农民的收入,带动农村的发展,尤其是在半人口稠密区和农业区。走城镇化的道路,要加快改革户籍制度,破除城乡二元对立,在体制制度上推动城乡融合发展。

一、积极推动就地城镇化

　　《乡村振兴促进法》从 2021 年 6 月 1 日起施行,这既为实施乡村振兴战略的法律保障,也是新时期做好"三农"工作的重要指引。乡

---

　　① 健全城乡发展一体化体制机制 让广大农民共享改革发展成果[N].人民日报,2015-05-02(01).

村振兴不是单纯的振兴农村,还包括农业和农民的振兴。张云华预测,到 2035 年,农村常住人口将只有 3 亿多,且一半多是老人。① 此外,农村原有自然村落发展呈现多层次不平衡性,由于部分农村村庄规模较小,不少地区的乡村正在不断凋敝。同时,以"政府主导、合村并点、农民上楼"为表观特征的农村新社区建设在各地普遍推开,我国每年平均要消减 2 万多个自然村落,平均每 6 个村中就有 1 个村在经历"上楼"。② 随着城镇化不断推进,村庄常住人口减少,部分自然村空心化非常严重,大部分农民选择在"人气"较为旺盛的自然村建房,农民集中居住的趋势越来越明显。③ 因此,在城镇化大背景下,既要认识到部分乡村的减量发展不可避免,更要认识到,必须通过乡村振兴战略的实施避免乡村自由落体式的整体衰落,同步推进农业、农村、农民现代化。

城乡分割的"二元体制"的主要矛盾在于,广大农村存在的"小生产方式"与社会化大生产之间的冲突。这种冲突的化解,仅靠农业、农村要素自身的积聚,无疑是力不从心和鞭长莫及的。近年来,政府出台了一系列政策以推动土地流转的规模化和市场化,涌现了土地转包、土地互换、反租倒包、土地入股等多种土地流转形式。但由于农地流转的物权化和资本化水平较低,农地流转速度严重滞后于农业劳动力转移速度。必须通过包括土地流转、农民适度集中居住在内的各种要素的重新捆绑,即通过要素的适度集中,提升要素的社会化程度,以满足社会化大生产的生产、交换、分配与消费的需要。

城乡融合发展是一个长期的过程,城乡融合发展需要新型载体,

---

① 参见中国经济时报网:http://lib.cet.com.cn/paper/szb_con/518381.html。
② 陈锡文.应该认真研究农村现实问题[J].农业经济问题,2007(4):4-8,110.
③ 瞿理铜.新发展阶段如何创新耕地保护机制[J].中国乡村发现,2021(2):63-64.

我们很难在碎片化的乡村社会有效导入城镇治理模式、城镇文明成果。而农村新社区,则有利于把农村和城镇的优点结合起来,避免两者的缺点,充当城镇文明向乡村扩展之间的连接体和连接城乡社会的中间地带,有助于打破城乡分割对立状态,促进农村区域的空间优化,提高人口集聚程度,在兼具传统乡村社会的部分经济、社会、文化特征的同时,又具有现代城镇社区的功能、治理方式等。从本质上来分析城镇和乡村的一体化发展,其目的就是打破由来已久的城乡二元结构壁垒,使得原本居住、生活在农村的居民也能够平等地享受到城镇公共服务和城镇基础设施所带来的福利,进而从根本上达成我国城镇和农村居民公平发展、协调发展和同步发展这一最终目的。在就地城镇化的过程中,人口向社区集中,人口居住密度提高,土地向规模经营集中,农业经营规模扩大。在这个过程中,再辅之以公共财政向农村新社区倾斜、基础设施向农村新社区延伸、公共服务向农村新社区覆盖,将乡村道路、农村电网改造、广播电视、通信设施、中小学危房改造、农村医疗卫生体系、中小学危房改造等项目集中安排到农村新社区,优化配置各类支农项目资源,从而产生聚合效益,凸现建设的规模效应,使农村新社区成为实施城乡融合发展战略的突破口,这也是高效促进城乡融合发展的有效途径。

加大新型农村社区建设力度。新型农村社区是新农村建设的组成部分,是建设新农村中"三农"全面接受工业化、城镇化带动的有效载体和枢纽,是城乡融合发展的"终端"区域。

一是要充分利用现有农村居民点,培育就地城镇化生长点,重点通过对公共服务设施和公共基础设施的改造、升级,让农村新社区居民也能就地享受到城镇的配套服务,实现城乡基础设施一体化和公共服务均等化。

二是在建设新型农村社区过程中,要把握以下几个要点。①必须规划先行,突出规划的引领作用,避免一刀切、搞形式。②要提高土地利用率。要挖掘农村土地潜力,提高土地利用率,要加大土地增减挂钩和土地综合整治等相关政策的力度,充分利用原有建设用地、空闲地和废弃地。③资金筹措是推进新型农村社区建设的关键,要整合各类新型农村社区建设资金,提高资金使用效率和效益。

三是要结合当地的实际情况,选择符合当地资源禀赋特征的产业发展方向。以第一产业为基础、第二产业为中心、第三产业为引领,注重产业价值链提升,促进三次产业融合、协调发展、有机融合,积极培育发展农业农村新产业、新业态,大力发展休闲农业、创意农业、观光农业、康养小镇等新业态。利用现代农业技术促进农业发展,如推广智能温室大棚、水肥一体化滴灌、现代化苗圃、食用菌工厂、网箱养鱼、工厂化养畜等技术。推动各类生产要素跨界配置,壮大集体经济。通过产业发展促进经济体系的良性循环,夯实就地城镇化的经济基础,为就地城镇化的快速推进提供物质基础。

四是要注重通过各种教育和职业技能培训,让农村新社区居民彻底转变为城镇居民,尽快适应新社区的生活方式。以新市民的姿态住在新社区、面对新生活,提高居民的文化素质、道德修养、谋生技能,提高居民的人力资本,帮助他们树立正确的人生观、价值观、道德观,树立社区和公共意识,尽快适应新社区的生活方式。

二、优化城镇体系

城镇体系本身有特定的系统性、层次性、协同性的内在要求,为此要根据中心城市的辐射半径,合理布局次级城市,优化城镇体系,建立城镇间的梯级辐射传导机制和反馈机制,促进城乡之间资源要素的对流。

一是要增强中心城市辐射带动功能,做大做强中心城市。以中心城市为纽带推进城乡融合发展,积极推进户籍制度改革,分层次、分类型、多途径推进农业转移人口市民化,推动农业转移人口市民化,提高户籍制度的开放性、公平性。

二是要加快发展中小城市,积极推动以大城市为龙头的城市群建设,构建"两横三纵"城镇化战略格局,促进城市群内分工,推动大、中、小城市和小城镇协调发展,发挥节点城市作用。调整与遏制目前存在的"县改区、县改市"热,出台鼓励人口下沉到县域、小城镇、乡村的相关制度与政策,使城镇化发展呈现分布式、均衡化发展态势。①

三是要有重点地发展小城镇。小城镇作为乡村和城市二元结构中的缓冲角色,具有城市的经济要素集聚、服务功能完备特征,是城乡要素交汇之所,是城乡网络结构中的重要节点,也是农村居民低成本城市化的有效途径。小城镇通过接受城市的文明与经济辐射来推动其自身的经济建设,又吸收了乡村地区的资源,通过整合反馈促进城乡区域发展。与分散的传统农村相比较,小城镇可以带来人口集中,使得在有限的可建设用地上有更高的人口密度与建筑密度,提高了土地资源的利用率;可以提高公共设施的使用效率和利用率,让附近农村居民享受到城市高质量的公共服务。通过小城镇建设以及特色田园乡村建设,在实现城乡融合发展的同时,还可以落实乡村振兴战略,促进区域经济的发展,丰富地区经济类型,增强城市经济的抗冲击能力。② 因此,要按照控制数量、提高质量、节约用地、体现特色的要求,优化小城镇体系,注意城镇间的经济联系和空间布局,尤其要根据小城镇区位和自然资源条件,推动小城镇发

---

① 人民出版社编.国家新型城镇化规划(2014—2020年)[M].北京:人民出版社,2014.

② 方道馨.基于小城镇以及乡村发展实践的苏州城乡一体化[J].建筑与文化,2021(1):147-148.

展与疏解大城市中心城区功能相结合、与特色产业发展相结合、与服务"三农"相结合,发挥其服务"三农"中心地的作用。

三、健全区域协调发展机制

基于我国大国特征下的区域发展差异,在设计和实施区域发展政策时,要更加突出分类指导和区别对待的原则,要根据各地区的土地、水资源、大气环流特征和生态环境承载能力,合理布局城镇化空间布局和城镇规模结构,在《全国主体功能区规划》确定的城镇化地区基础上,发展集聚效率高、辐射作用大、城镇体系优、功能互补强的城市群,培育若干世界级的城市群,使之成为支撑经济增长、促进区域协调发展、参与国际竞争合作的平台。鼓励城市群之间和城市群内部开展多层次、多形式、多领域的区域合作,建立城市群之间和城市群内部的协调发展机制,从而形成大、中、小城市和小城镇协调发展的"两横三纵"城镇化战略格局,最终实现东部、中部、西部地区,大、中、小城市的城乡一体化发展。在这个过程中,要健全以下五大机制:

一是要健全市场机制。区域发展不平衡是自然、历史、经济和政治的各种因素综合作用的结果,在社会主义市场经济条件下,推进区域协调发展,必须突破地区封锁,加大对地方保护主义的制约,加快建立全国统一市场,实现生产要素在区域间的自由流动和产业转移。

二是要健全跨区域合作机制。我国地域广阔,地区之间具有广泛的合作基础,如中西部地区具有资源优势,而东部地区具有资金、技术、人才优势,跨区域合作机制的建立有利于各地发挥各自的资源优势。要探索建立制度化的区域合作机制,开展多层次、多形式、多领域的区域合作,在合作中提升资源的配置效率。

三是要健全跨区域互助机制。区域互助机制是社会主义优越性的重要体现,也是新中国多年的实践。要在总结经验基础上,鼓励发达地区采取多种方式加大对欠发达地区的帮扶力度,创新帮扶形式,提高帮扶效率。

四是要健全跨区域扶持机制。在前面三个机制充分发挥作用的基础上,加大政府特别是中央政府的调节力度,才能更好地促进社会公平,才能更好地提供公共服务,创造良好的生活环境和公平的起点。尤其是在义务教育、公共卫生、公共安全、公益文化、最低生活保障和扶贫等方面,亟须进一步加大财政转移支付力度,逐步实现城乡之间、区域之间公共服务均等化。①

五是要健全跨区域协调机制。建立城市群成本共担和利益共享机制,推进跨区域互联互通,促进基础设施和公共服务设施共建共享,促进创新资源高效配置和开放共享,推动区域环境联防联控联治,实现城市群一体化发展,从而加速推进城乡一体化发展。②

四、发挥县城作用

习近平总书记在《国家中长期经济社会发展战略若干重大问题》一文中明确提出,"要选择一批条件好的县城重点发展"③。《中共中央关于制定国民经济和社会发展第十四个五年规划和2035年远景目标的建议》中也提出要"推进以县城为重要载体的城镇化建设"。2021

---

①　覃成林.区域协调发展机制体系研究[J].经济学家,2011(4):63-70.

②　人民出版社编.国家新型城镇化规划(2014—2020年)[M].北京:人民出版社,2014.

③　习近平.国家中长期经济社会发展战略若干重大问题[J].求知,2020(11):6-9.

年，中央一号文件提出"把县域作为城乡融合发展的重要切入点"。

县城处于城市与乡村之间，是推进工业化、城镇化的重要空间，城镇体系的重要一环，城乡融合发展的关键纽带、节点与载体，是农民进城就业安家、城乡要素跨界配置和产业协同发展的天然载体。2019 年底，县及县级市数量共计 1881 个，占全国县级行政区划数量的三分之二。县城及县级市城区 GDP 占全国 GDP 的近四分之一，县城及县级市城区常住人口约为 2.4 亿，占全国城镇常住人口的近 30％。[①] 但与大中城市相比，县城普遍存在产业规模小、就业机会有限、对农村转移人口的实际"引力"相对较弱、公共服务能力不足等问题，制约了县城作用的发挥。

要推动县城的扩容提质。县城内的工业园区、功能区、专业市场等在内的产业平台是集聚商品、信息、技术、劳动力等的重要载体，是推进城乡融合发展的重要平台。作为要素和产业的空间载体，产业平台主要通过对劳动力资源、土地以及产业的集散，实现城乡资源一体化配置和融合发展。城乡之间的物质和信息交换取决于人才流、物流、信息流、资金流的自由流动。而这些"流"能否顺利地进行交换，取决于城乡之间的基础设施和渠道是否齐全。位于城市和农村中间地带的区位特性，使县城成为城乡物质和信息交换的载体，而这种载体作用，则需通过县城自身的城镇功能建设和完善得以更好地发挥。因此，要抓好县城建设，提高县城承载力，推动产城融合发展，发挥县城在技术服务、人才集聚、产业平台、生活服务、发展空间等方面的支撑作用。县城要主动对接城市群和中心城市规划，强化基础设施互联互通，推进城乡公共服务一体化发展，具备条件的区域打造半小时、一小时经济圈生活圈。距离中心城市较远的县要实

---

① 参见中国经济网：http://district. ce. cn/newarea/roll/202006/04/t20200604_35043880. shtml。

施"小县优城"城市化提升行动,全面提升综合承载能力,争取发展成为市域副中心。统筹老旧县城改造和新区建设,加强城市设计,切实改善人居环境,建设宜业宜居美丽县城。实施"小县大县城"战略,持续开展县城建设,补齐市政基础设施和公共服务短板,推进精细化管理,吸引更多农业转移人口落户,增强县城在县域经济发展中的带动作用。统筹新区旧城一体化建设,高标准打造县城新区,加强旧城改造,促进新区与县城资源共享、设施配套、功能互补、融合发展。

同时应该注意到,在县城扩容提质过程中,扩散效应与极化效应并存,县城扩容提质的具体政策导向会对区域城乡融合产生差异化影响。部分地方政府为了土地财政,大搞房地产开发,损害了乡村发展能力[①],城镇用地呈现"摊大饼"的空间扩张趋势;教育资源向县城的过度集聚很大程度上损害了农村地区的利益;人口向县城的转移也加剧了部分地区城镇的环境污染;部分地方政府为了做大县城,通过规划和土地指标分配限制其他乡镇发展[②]。在县城扩容提质过程中,要注重发挥县城扩容提质的城乡利益"渐进分享式提升"、城乡融合发展推动作用,避免县城成为"掠夺性县城"。

五、注重农村传统文化建设

在城镇化过程中,要注重农村传统文化建设,要加大财政投入力度,鼓励引导公共文化服务市场化,提升乡村的文化水平,进而为乡村振兴凝聚强大的精神动能。各级政府要高度重视农村文化建设的

---

①　贺雪峰.县城房地产泡沫值得警惕和重视[J].学习月刊,2014(9):33-34.
②　刘炳辉,熊万胜.县城:新时代中国城镇化转型升级的关键空间布局[J].中州学刊,2021(1):1-6.

紧迫性和必要性，突出社区文化建设的国家投入主体地位，加大财政投入力度，消除乡村遭遇的文化自信危机。要夯实农村文化建设平台，加大农村文化站、农家书屋工程的建设力度，开辟农村文化专用场地，加大对文化广场、文化宣传长廊、文体活动室等社区文化基础设施的投入力度。① 要丰富农村文化活动形式，优化文化活动的效果。坚持多样化与特色化相结合，着力提升农村的文明程度，着重发动具有文化爱好和特长的农民。通过丰富的、居民喜闻乐见的文体活动，借助互联网短视频软件与民众产生心灵上的共鸣，让传统优秀文化深入人心。可以举办篮球赛、乒乓球赛、广场舞、腰鼓队、老年舞蹈队等比赛，开展"文化大讲堂"、棋类比赛、体育竞赛、文艺晚会等活动，调动农民参与文化活动的积极性和主动性，使农民都能普遍参与进来，丰富农民文化生活。②

第七节　推动农业现代化

2021年，中央一号文件明确提出要加快推进农业现代化。面对国内外风险挑战明显增多的复杂局面，迫切需要统筹发展和安全，夯实稳住农业基本盘，守好"三农"基础。要推进农业绿色发展，减轻资源和生态环境承载压力，推动农业高质量发展。

---

① 车宇彤，相妍.就地城镇化中的新型农村社区建设——以长春市三个典型村为例[J].劳动保障世界，2017(5)：46-47.
② 李润国，姜庆志，李国锋.治理现代化视野下的农村社区治理创新研究[J].宏观经济研究，2015(6)：23-29.

一、加快构建现代农业经营体系

创新农业生产组织模式,提高农业要素配置效率和生产组织效率,推动农业效率变革。大力培育新型农业经营主体,形成以家庭承包经营为基础,专业大户、家庭农场、农民合作社、农业产业化龙头企业为骨干,其他组织形式为补充的新型农业经营体系。通过土地流转等方式,推动农业生产从碎片化经营向适度规模经营转变。加快农业生产过程内部各环节的专业分工,从而更加有力地推动农业专业化发展。借助新型农业经营主体的资金、先进技术、人力资源等诸多优势,实现对"贫穷且低效率"的小农户发展模式进行变革,解决传统农业生产过密化、细碎化、生产率低下问题,提升生产效率,优化生产方式。促进具有扩张特性的资本与传统生产要素进行最优化配置,最终实现农业生产要素由农户内部配置向社会化配置转变。

建立农业支持保护制度。充分发挥市场机制的作用,以保护和调动农民积极性为核心,科学确定粮食最低收购价水平,确保农民种粮收益不减少并能稳定增加,发挥价格对农业增产增收的促进作用;对进口依存度较高和涉及国计民生的重要农产品,研究确定相关价格支持和保护措施;完善重要农产品储备制度。农产品价格真实反映生产成本变化,提高农业的收益。同时,要发挥财政投入的稳定器作用,形成农业农村投入稳定增长机制,形成合理的农业补贴制度,加大对农业基础设施建设和农业科技投入的财政保障。

建立以绿色发展为导向的农业政策支持体系,大力发展资源节约型、环境友好型和生态保育型农业,推动土地休耕,加快改变过多使用化肥、农药、农膜、地下水等现象,大力发展循环农业、绿色农业、有机农业。在发展农业生产的同时，保护水资源和生态环境，维持生态系统的功能和安全，提升农业生产与资源承载能力和环境容量的匹配度。加大农田基础设施建设，我国农田基础设施老化失修严重，沟渠河道多年淤塞，灌区仅存的设施损坏失修，水库蓄水能力及抗旱效率因缺少维护逐渐降低，因此要建立健全农田建设财政投入稳定增长机制，促进耕地资源永续利用。

二、加强农业科技攻关

聚焦重点产业、重点品种、关键环节，发挥好科研院校作用，组织联合突破限制农业发展的重大关键技术瓶颈，要加大农业科技的推广应用力度，健全农业技术推广体系，扎实做好农业科技特派员工作，积极推广先进适用技术，提高科技创新对农业的贡献率。围绕重点产品、生产工艺等编制相应标准，提高种植养殖业规模化、规范化、标准化水平。加强对基层干部和农民的培训服务，利用数字媒体深入开展科普惠农服务网络化建设，提升农业科技应用水平，建立健全培训档案，加强培训管理，增强全民农业科技意识。

三、推动农业供给侧结构性改革

农业供给侧结构性改革是提高农业创新力、竞争力的重要手段，是开创农业现代化建设新局面的重要抓手。2015年12月召开的中央农村工作会议，率先提出了"农业供给侧结构性改革"，强调要着力加强农业供给侧结构性改革，提高农业供给体系质量和效率。① 习近平总书记多次强调，要把推进农业供给侧结构性改革作为农业农村工作的主线，"要推进农业供给侧结构性改革"，做到"不断提高农业质量效益和竞争力"。② 要强化市场改革导向，利用价格信号驱动农业产业结构调整，以提高农产品供给的有效性。特别是在中美贸易摩擦、全球贸易保护主义抬头的背景下，要站在全球化新形势、新挑战的高度来统筹考虑我国的粮食安全供给。推动适度规模经营，促进农业劳动生产率的提高，增强市场配置资源的决定性作用，推动农业生产提质增效，加快推动我国农业现代化。鼓励各类农业新型经营主体运用现代市场经济观念和组织方式来管理、发展农业，根据市场需求的变化，根据区域资源禀赋，因地制宜，谨慎选择专业生产方向和资源调配方式，在市场规律作用下将区域资源禀赋优势转换为农产品特色优势，增加优质、绿色、高端、有机农产品的供给，发展特色农业、旅游农业等，从根本上推动农业供给侧结构性改革。

四、推动农业走出去

推动农业开放发展。我国人均耕地资源和水资源短缺，其拥有量低于世界平均水平，充分利用好国际国内市场，有助于充分发挥外部资源对国内供给的补充和调节作用。通过强化农民和涉农企业的国际合作理念，完善农业跨国电商合作平台，鼓励支持新型农业经营主体到境外尤其是"一带一路"沿线国家和地区开展互利共赢的农业

---

① 参见共产党员网：https://news.12371.cn/2015/12/25/ARTI1451041415 467171.shtml。

② 参见新华网：http://www.xinhuanet.com//politics/2017-02/08/c_1294 70899.htm。

生产与进出口合作，从而充分发挥外部资源对国内供给的补充和调节作用。

改革开放40余年来，"我们实现由封闭半封闭到全方位开放的历史转变"[①]。在党的十九大报告中，习近平总书记明确提出要以"一带一路"建设为重点，推动形成全面开放新格局。[②] 全方位开放意味着未来我国的开放不再仅仅以东部沿海开放为主，西部陆路将成为对外开放的重点区域，以形成陆海内外联动、东西双向互济的开放格局。尤其是"一带一路"建设的实施，可以为沿线城市、边境地区的城乡融合发展提供持续的动力源泉，使大量的农村劳动力走出去。我国农村地区有大量特色产业和特色产品，通过发展现代加工业和物流业，可以形成特色产品和特色出口产业链，带动农村地区的产业发展。

推动相关农业企业国际化经营，参与国际竞争与合作。尤其要加强与"一带一路"沿线国家和地区在农产品贸易投资、农业合作公共服务、农业科技发展、农业发展、农产品检验检疫等方面的国际合作政策的协调与对接。加快实施重大的现代农业合作项目，加强农业科技示范区、科技合作园区等建设，提高农产品贸易便利化水平，尤其鼓励企业"走出去"建立境外农业生产和加工基地。例如，安徽省农垦集团充分发挥其在农业开发规划方面的优势，利用其丰富的实践经验，积极开展农业国际化经营。

2010年，安徽省农垦集团与津巴布韦国防部经过长期的洽谈，达成一致意见，签署相关合同，组建皖津公司，在津巴布韦开展境外农业资源开发项目。依照双方共同签署的合资合同，皖津公司拥有99年土地使用权，在津巴布韦开发土地。第一期时间是2011年，皖津公

---

① 习近平.论坚持全面深化改革[M].北京：中央文献出版社，2018：510.

② 参见新华网：http://www.xinhuanet.com/2017-10/27/c_11218 67529.htm。

司开始进行经营,在津巴布韦选择两个农场,种植小麦等农作物,并根据经营情况,逐步发展。第二期时间是 2013—2015 年,皖津公司扩大经营规模,开始种植玉米、烟叶等,开发规模有所扩大。第三期时间是 2015 年至今,皖津公司进一步扩大经营规模,预估项目总投资额达到 125 亿元。自皖津公司相关的合同成功签订之后,通过多年的不懈努力,皖津公司的发展较为成功,目前总共开发了 10 个农场,种植小麦、玉米、大豆、烟叶等农作物,且均获得较大的丰收,年产作物近 2 万吨。相较于津巴布韦当地种植户,农作物产量有大幅度提高,初步探索了农垦集团国际化经营的管理模式。

五、推动大数据在农业中的应用

根据中国互联网络信息中心第 44 次《中国互联网络发展状况统计报告》,无论是在互联网普及率还是在网民规模方面,城乡之间都存在显著差距,而且呈扩大之势。[①] 以大数据应用为引领,有助于优化传统的资源配置方式,促进"规模经济"与"范围经济"的发展,改变传统企业的赢利模式。[②] 数字经济给经济社会发展带来了广泛、深刻和持续的影响,重新定义了城乡生产要素资源流动和配置的类型与渠道,为城乡产业转型升级、要素双向流动、地理空间重构和公共产品配置调整提供了新的条件与方式。2020 年出台的《数字乡村发展战略纲要》指出,要"着力发挥信息技术创新的扩散效应、信息和知识的溢出效应、数字技术释放的普惠效应,加快推进农业农村现代化"。

[①]　参见中国网信网:http://www.cac.gov.cn/2019 - 08/30/c_1124938750. htm。

[②]　沈费伟,袁欢.大数据时代的数字乡村治理:实践逻辑与优化策略[J].农业经济问题,2020(10):80 - 88.

础设施，强化城乡融合发展中数字资源的深度整合，以及在交通、通信、电力、金融、能源等领域的关键信息基础设施建设，不断提高公共设施智能化水平；要与时俱进地发展和利用大数据、人工智能、区块链、物联网等新兴技术，促进城乡政务服务高效化。① ②大力发展物流网。大数据在农业方面的应用程度，在很大程度上取决于物联网水平，因物联网而兴起的智慧农业使得农业中大数据的采集成为可能。所以，有必要发展物联网，为大数据技术的运用提供数据来源或承载方式。

四是数据开放。要有效地运用大数据，必须充分挖掘纷繁复杂数据背后的价值，将其转化为商业模式。政府部门统计出来的很多数据，如天气报告、土壤条件、地图、水资源、市场环境、市场需求，没有公开或者开放，限制了使用者的获取。所以，政府和相关部门应积极推动农业数据开放。另外，正如前面提到的，特别值得关注的是，要编制出一份被广泛认可、采纳的数据格式国家标准，从而推动农业数据的开发和利用。

---

① 范斯义,刘伟.科技创新促进城乡融合高质量发展作用机理及实践路径[J].科技管理研究,2021 (13):40－47.